适我无非新

|杨善深小传|

YANG SHAN SHEN XIAO ZHUAN

黎燕雄 著

岭南美术出版社

中国·广州

图书在版编目（CIP）数据

适我无非新：杨善深小传 / 黎燕雄著. —广州：岭南
美术出版社，2015.8
（广东现当代画家小传. 国画卷）
ISBN 978-7-5362-5493-0

Ⅰ. ①适… Ⅱ. ①黎… Ⅲ. ①杨善深（1913～2004）—
传记 Ⅳ.①K825.72

中国版本图书馆CIP数据核字(2014)第163579号

责任编辑：李　颖　杨　靖　周章胜　王效云
责任技编：谢　芸
装帧设计：杨易欣

适我无非新：杨善深小传
SHI WO WU FEI XIN　YANG SHANSHEN XIAOZHUAN

出版、总发行：岭南美术出版社（网址：www.lnysw.net）
（广州市文德北路170号3楼 邮编：510045）
经　　　销：全国新华书店
印　　　刷：雅昌文化(集团)有限公司
版　　　次：2015年8月第1版
　　　　　　2015年8月第1次印刷
开　　　本：787mm×1092mm　　1/16
印　　　张：8.25
ISBN 978-7-5362-5493-0
定　　　价：38.00元

序

　　回顾20世纪中国美术发展史，中国画的现代转型与"新国画"运动密不可分。发端于广东的岭南画派在这场"新国画"运动中起到极其重要的作用，以高剑父、高奇峰、陈树人等为代表的岭南画派，以革命性、创新性的新思路，折衷中外、融汇古今，注重现实关怀、题材开拓和表现手法的多样性，开启中国现代绘画的新风气，极大地推进了中国美术的现代化进程。

　　继"二高一陈"后，以关山月、黎雄才、赵少昂、杨善深等为代表的艺术家，更是把岭南画派发展到一个新的高度，并卓有成效地拓展了现代美术教育体系，使岭南地区迅速成为新中国美术教育基地之一，培养了许多影响21世纪中国美术进程的画家。他们继承和延续岭南画派的艺术精神，践行着创新和发展的道路，使广东成为中国美术教育与创作的重镇。

　　在对中国美术发展史的研究中，岭南画派一直是被关注的，但系统完整的广东现当代画家传记著述却较少见到。梳理这些画家的人生经历，再现他们的探索过程，总结他们的创作思想，对于推动广东美术创新发展，增强广东文化自觉与文化自信有着重要意义。为此，我们编辑出版《广东现当代画家小传》丛书。

　　丛书根据艺术成就及社会影响力甄选了20多位现当代画家作为传主，以文学性的叙事方式讲述艺术家活动及经典作品背后的故事，使读者重回那段令人荡气回肠的岁月。丛书遵循从史到论，论从史出，通过文学家的艺术剪裁，注重围绕史料开展研究，力求科学严谨地再现各位传主的生平经历、创作历程、学术贡献和历史影响。丛书资料翔实、图文并茂，大量由家属提供和从档案中查阅到的第一手资料更为珍贵。

　　对岭南近现代画家的资料进行收集与整理，是广东地域美术研究的基础性工作。丛书的出版将极大地丰富画家档案及文献资料，为广东画家的相关研究奠定基础，更好地促进广东美术繁荣发展。

杨善深的座右铭是："艺术要有自己的风格。"

他自刻一方常用的闲章"今人摹古，古人摹谁"，表白其追求标新立异的志向。

一 / 追梦时代

追梦是青春的标准，

不管身在何处，青春路上，成功的机会多的是！

这就是追梦。

以热情做动力，梦想做罗盘。

在高剑父的影响下，

杨善深接受新的艺术思想，寻梦京都。

他信心十足，

向全新的神秘世界出发。

远赴东瀛游历的他在京都探索与发现艺术的真谛，

充满活力的他，

就像年轻的油田，不可节制地喷发……

"吾道一以贯之"的侨乡小画手

"哇哇……"

1913年10月26日（民国二年，癸丑年，牛年），农历九月二十七日，广东台山赤溪镇象岭村一所小屋里传出婴儿呱呱坠地的清脆哭声，接着是一串噼噼啪啪的爆竹声，传来一阵狗吠声。

赤溪镇，潮涨之际，溪水与海水混合，呈现红色，故溪名为赤溪，遂为村名，古人赞此"鹤山环绕，赤水东流"（南宋咸淳三年，即1267年的过溪五洞桥碑文）。它与珠海市隔海相望，旅外乡亲3.4万多人，比在家人口还多，是全国闻名的五邑侨乡中的侨乡。

这一声充满干劲的啼哭，出自华侨家庭杨凤书家里。十月怀胎后，其妻子李土娇（赤溪县田头村人）顺利产得一子——杨善深，乳名淼青，字柳斋，学名子江。

这是杨凤书的第一个孩子。年轻产妇苍白的脸上，漾起一丝疲乏的微笑，她用温柔而欢喜的目光默默地望着襁褓里的婴儿。伴随着小家伙的哭声，杨家屋里充满了欢声笑语……

1913年，中国历史上一个动荡的年份：

1月19日，孙中山在上海国民党茶话会上宣传政党政治；

8月1日，广州独立失败，陈炯明逃往香港；

10月6日，国会受到恐吓，袁世凯当选中华民国正式大总统。俄、法、日、英、意等13国驻京公使照会外交部，承认袁世凯政府；

11月4日，袁世凯下令解散国民党，取消国民党议员资格……

出生在动荡的20世纪初，杨善深的生命注定要多一份坚强的追求——或平凡，或出彩，或悲喜交加。

杨善深的父亲杨凤书十多岁便与同乡一道远赴南美秘鲁经营货物买卖，稍有积蓄便回乡建宅成家。

明清时候，地处东南沿海的赤溪镇就已经兴起了到海外谋生的潮流。这股谋生潮在晚清前后变得更加汹涌了：一是因为19世纪开始，为了生计，新宁（1914年改名台山）居民只好大规模结群出洋，到海外寻找出路。当时新宁等四邑地区流传着这样的顺口溜："家里贫穷去亚湾（古巴），为求出路走金山。"可以说，这就是对台山地区居民热衷到海外谋生现象的最好解读。二是因为这一时期的南洋、美洲各地经济持续发展，对劳动力产生了大量的需求，因此也吸引了四邑地区的许多居民抛家弃子前往淘金。

华侨早期出洋只是为糊口奔波，因此，多数是只身漂洋过海，不愿意偕同家眷，备尝离乡背井之苦。他们认为出洋只不过是"过番"去寻找命运的新出路，所以乡人都叫出洋为"出路"。他们计划赚了钱就衣锦还乡。

而杨凤书便是漂洋过海去找"出路"的淘金大队中的一员。

同时，客家人也很重视学风教育。早在杨善深出生前，私塾启蒙教育已经遍布整个赤溪镇。自然，象岭村也是学风鼎盛。无他，只因为客家人一直流传着一个古训——"一命二运三风水，四积阴功五读书"，尚学风气甚浓。

好学的杨家子孙，自然是秉承了客家人的优良传统，崇尚教育。

"我也想去私塾学知识。"年少好学的杨善深，骨子里就有一种求新的欲望。

父母亲当然欣然让杨善深进入私塾接受国学启蒙教育。

杨善深每天都欢天喜地地背上小书包，到村里的私塾上课。在私塾里，他遇到了他一生的追求——美术。他深深地爱上了这些生动的古画。

同时，在儿子杨善深出生后不久，虽已稍有积蓄，但杨凤书自强不息，心中怀着一个伟大的梦：要为妻儿创造一个更好的环境。这也是赤溪客家人在长期辗转迁徙中，养成的刻苦耐劳、坚毅刚强、勤劳善思、勇于创业、团结拼搏的精神。于是，他再次渡洋至秘鲁了。

因此，年幼的杨善深得以无忧无虑地留在家乡学习——

"爆竹一声除旧，桃符万户更新。履端，是初一元旦；

人日，是初七灵辰。元日献君以椒花颂，为祝遐龄；

元日饮人以屠苏酒，可除疫疠。新岁曰王春，去年曰客岁……"

在知识的海洋里，杨善深激情高昂地熟诵着《三字经》《千字文》《千家诗》《幼学琼林》等。这些都是简单易懂的中国古代儿童启蒙读物，却把他的眼界开阔了：里面有丰富的插图，生动而逼真。

生活中的每一样东西，都能成为杨善深学习的源泉：

少年杨善深（1929 年）

赤溪客家人除夕前（一般于农历年二十九日或年三十日）都有贴春联的习俗，家家在大小门庭上贴上大小春联，一般在堂屋正门贴上代表本姓堂名的横额，正门两边贴上代表本姓的门联。杨姓，横额为"四知堂"，门联为"四知世泽，三相家声"。同时，在堂屋正厅供着祖先神龛，上面的红纸、红钱年年更新，神龛上部贴"福、禄、寿"三字，下部是祖宗牌位，上书"某氏堂上历代高曾祖考妣福位"。

他也喜欢跟着涂鸦。不知不觉，书画的种子就悄然在他幼小的心灵里埋下了。

一些叔伯见到杨善深总是在画画，甚为他担忧。

"淼青啊，学画画没有出息的。学书画将令人三餐无继，穷困潦倒。"

"千万不要荒废大好时光，还是认真跟你爸学习经商之道为妙！"

"我很喜欢画画，里面很有学问。"

杨善深总是据理力争，并且更加沉迷于临摹古书画。他的专注，是有收获的。

有一天，学校里上美术课。

"你的画画得不错，空闲的时候，可以教教同学们。"教授美劳的老师肯定地看着杨善深，这个有点内敛的小男孩。

"好！"杨善深略显羞涩地回答。

这对于年纪轻轻的杨善深来说，是多么大的一个鼓励。

倔强的他，永远不会停止手上功夫。从 1925 年开始，他就在临摹古画、习碑习帖的传统学习方式上下足了功夫。这也让他一步一个脚印地走进中国书画艺林。

此后，杨善深越发勤奋学画。他喜欢沉浸在这些充满趣味的画里，用惊愕的眼光，看着唐代王维的山水，韩干的马，宋代徽宗的花鸟，马远、夏圭的山水，元代梅花道人吴镇和倪云林的山水……

中国的古画真是奇特啊！天真未琢的杨善深对画画有一份天生的亲近感，整天盯着那些古画看。看得出神的地方，还不时将自己心中想到的事物幻化在画稿上。这些在叔伯眼里看似儿戏的功夫，却为杨善深以后画画打下了坚实的基础。

书中的英雄人物带着鲜明的爱憎，犹如清澈的泉水，缓缓流进了杨善深的心里，滋润着杨善深稚嫩的心田。

七八年后，杨凤书从秘鲁回来了。他是个善于经营的商人，更是个热爱家乡的客家人。他从秘鲁回来以后，一直经营中国与南洋押汇的钱庄。当时象岭村里外出打工的华侨，几乎都是通过杨凤书的钱庄把钱汇给家人的。

"赤溪镇象岭村唐家舅舅汇了两百大元。"

拿着这张由杨凤书经营的钱庄开出来的汇票，赤溪县的唐丽媚家人很快就从钱庄拿到了远在秘鲁打工的舅舅寄回来的钱……

此时，杨善深也到了读小学的年纪。于是，他在赤溪县立小学完成学业。这个年纪，他并不清楚自己以后的人生走向。他只如一轮初升的太阳，迎着世纪的风雨，在酝酿未来蜜糖般的人生……

1925 年，杨善深 12 岁。

"阿爸，我想学画画！"这一年，杨善深小心翼翼地向父亲说出自己的想法。

杨凤书听了，没有立马答应，眼睛里闪过一丝忧郁。大概他心里也有与叔伯一样的顾虑，稍想一下后，说：

"学问的事情，你自由发展。只要将来不后悔！"

"我一定认真学习。"杨善深听到父亲这么说，心中乐开了花，他对父亲说了一句话："谢谢阿爸，我一定努力！"

……

这是一段父子关于求学画画的对话，简短而意味深长！

这时，他想起《论语·里仁》里"吾道一以贯之"这个故事，"吾道"，就

20 世纪 30 年代的杨善深

是指自己坚持的原则；"一以贯之"，就是坚定不移。这是孔子学问"修养"的一个境界。年轻的杨善深对画画有着浓厚的兴趣，他渴望学习画画，渴望在更大的美术世界里闯荡一番。也许这是对祖辈们的期待的一种"叛逆"，但他固执地相信自己选择的路是对的。

立志学画以后，在杨善深年轻而冲动的心里，有个坚定的声音：我一定不会后悔，我会走出自己的路。

"人生明灯"三部曲

1930 年的一天，杨凤书对杨善深说：

"淼青啊，你收拾一下，我们全家准备移居香港。"

转眼，杨善深已经 17 岁了。他知道父亲杨凤书善谋生计，克勤克俭，一直很努力使得家境宽裕盈余。也正是这样，他才得以享受着优裕的经济生活条件与慈父的悉心供学，使得自己能无忧无虑泡在书画的殿堂里，勤勉受学。

听着父亲温和的声音，杨善深心里多了一分感激。

这个时期的香港，殖民地色彩十分浓厚，对杨善深来说，充满了新奇。他贪婪地吸收着新的知识，他仿佛看到了明天耀眼的光芒，很幸福。一天接一天，他广交朋友、到处观看画展……

据网上资料，在杨善深的好友里面，有一位爽直的忘年交——岭南书法名家，冯师韩。

冯师韩（1875—1950），广东鹤山人。名汉，字师韩，号邓斋，晚号无沙老人。早年毕业于香港皇仁书院，又曾在天津北洋工学院攻读。甲午战起，充山海关后队电报领班。战后南返服务文教界，并终老香江。他对说文及声韵学研究颇深，尤精于隶书，与邓尔雅并称"邓篆冯隶"。

中年时期的杨善深

　　1933 年的一天，杨善深怀着极好的心情和 58 岁的冯师韩交流，谈到杨善深的书稿时，冯老毫不客气地说：

　　"善深老弟，你的字写得差，画也画得差，没有一点规矩。"

　　"冯兄，此话怎讲？"

　　"我劝你还是赶紧找个好老师跟随，不要浪费大好光阴。"

　　……

　　冯师韩的一番话，让杨善深茅塞顿开，同时也给他带来了沉甸甸的思考：冯兄这样说，是为我着想，是出于好朋友的一种关心。但是，他不明白我！我有自己的"吾道"，并在一以贯之。我已选择了自己的书画路向，我正向着目标开步。初期当然是不理想的，哪会一步登天？

　　这时的杨善深已经是目标明确、力求创新的资深国画自修者，当然不能再像以前小孩子那般整天涂鸦。他需要吸收新的养分，以充实自己的知识库。初学画画的他虽然还未能熟练地掌握那些技法，但他心中坚定的信念一直指引着他不断前进……

　　人一出生就不断接受着教育，无论是直接或间接的。同年，杨善深进入由鲍少游（1892—1985，名绍显，字丕文、尧常）先生主持的香港丽精美术学院学习绘画，正式开始从事绘画。

　　对这位成就不凡的校长，杨善深心存敬仰。他喜欢与这些前辈交流，并从中学习经验。善于思考的他，不停总结，将这些经验化作自己人生道路上一盏又一盏指路明灯。

　　鲍少游虽然出生于日本横滨，但 1894 年中日甲午战争爆发后，两岁的他便随母韦氏返国，居于香山石岐祖居。他少年入私塾学书史及绘画，接受纯中国传统的私塾教育，中国传统文化的思想、道德观念从小在他的脑海中打下了深深的烙印。

左：杨善深（右）与高剑父合照

右：鲍少游照片

　　12 岁，鲍少游随兄再赴日本。中外文化的交替灌输，使他的思想从小就具有很强的包容性。17 岁，鲍少游在日本东京美术专门学校读书时，与郑锦、陈树人是同学，就读了五年，以第一名的成绩毕业。在此期间，他经常与郑锦、陈树人、高剑父交流画画，与他们结下了深厚的友谊。1919 年鲍少游在上海青年会举行画展，同年入日本西京（京都）美术大学研究院，专注于唐宋画法研究……

　　诚然，鲍少游在不同文化背景的影响下，不断地接受冲击并在兼容中挣扎蜕变，这也影响着他人生道路的取向。

　　1924 年 5 月，孙中山先生在广州黄埔长洲岛创立陆军军官学校。11 月，孙中山离广州北上，先抵上海，再绕道日本赴天津。孙中山先生途经日本的时候，由鲍少游夫妇作为旅日华侨代表迎接。在面谈时，孙中山深情地说："务必早日归国，为祖国的文化复兴做贡献！"

　　孙中山先生的话一直萦绕在鲍少游的耳边，并迅速蔓延开来：我祖籍中山，身上流的是中国人的血，我应该为祖国出一份力！

　　于是，在 1927 年，广东省政府特派高剑父赴日迎接鲍少游返粤，任佛山市美专，广州市立美术学校中国画系主任、教授。

　　是年 12 月 11 日，中国共产党领导的广州起义爆发。粤地不宁，鲍少游遂避居香港。

　　无疑，不同的教育往往影响人的一生。鲍少游从小就受到不同的教育，认识到教育的重要性，并对教育方法有深究。

　　避居香港后，鲍少游也在不断"修正"自己的人生路向，决定以艺术研究和教育为使命，与夫人共同创办了香港丽精美术学院，招收内地、港澳台以及新加坡、马来西亚、泰国、日本、菲律宾等地区和国家的学生。

　　为了将美术学院办成高水准、上档次的学校，鲍少游身体力行，主动融入社会，

1939 年 4 月，在香港与春睡画院同学合影，左起：关山月、黄独峰、黎葛民夫妇、苏卧农、李抚虹、杨善深

与政府有关部门和官员沟通，引起政府对艺术教育的重视。同时，加强与艺术界联系，参加各类美术活动。并亲自授课和带学生出外写生，坚持每季组织大型美术活动等。

这所丽精美术学院在社会上，尤其是艺术界赢得了良好的口碑：1949 年，在丽精美术学院第 10 届毕业典礼上，鲍少游就邀请到马鉴、高剑父等人出席；同年，鲍少游举办"牡丹画展"，张大千、高剑父亦应邀参加……[1]

杨善深知道这所香港丽精美术学院以美术为人们塑造美丽的世界，他渴望在这里也能塑就他美丽而精彩的人生。不同文化知识的交织，使他以后艺术风格的形成，在不断的冲击和兼容中挣扎蜕变，这也为他的人生观和世界观的形成奠定了基础，影响着他人生道路的取向。

这一年，岭南画派创始人之一高剑父（1879—1951，广府人，名仑，字剑父）途经香港传艺、访友。

当时的高剑父已经淡出政坛，绝意仕途，专志画艺。早在 1923 年，高剑父已决定正式开馆授徒，培养画坛新人。他取诸葛亮"草堂春睡足"诗句之意，创办"春睡画院"，设帐授徒。

杨善深在名医陈展元家中，有缘结识高剑父且甚为投缘。

高剑父对于有志于画画的新人，是很热心培养的。往后的一段日子里，他与杨善深几乎天天会面，畅谈艺术。高老画意深邃、画技超群，让这位好学的善深老弟如沐春风、一路奋进……

朝气蓬勃的杨善深将自己的画室取名为"瀛曦楼"，并特意请篆刻名家邓尔雅刻成印，剑父先生也为其题写了牌匾。

[1] 卢德铭著：《丽精美术塑造美丽精彩人生——岭南画派杰出画家、美术教育家鲍少游》，载《中山日报》，2003 年 1 月 8 日 B3 版。

麻雀 1982 年 105 cm×34.5 cm

杨善深接触了岭南画派大师高剑父及前辈鲍少游以后，更是废寝忘食地学习，拼命地抓住任何一个可以交流学习的机会。

很快，1934 年 10 月，21 岁的杨善深在香港丽精美术学院第六期毕业了。但他并不满足于现状，他心里有个声音：要不断学习，活到老学到老。

从小没有经历太多磨难的杨善深，心中已经建立起了新的理想和目标，他是一个勇于探索和不断求新的人。

在高剑父的鼓励和推荐下，一心向着艺术奋进的杨善深心里有个小算盘：要到日本去深造学习。人做梦时，世界就是一个溜冰场，任你南北极飞驰。而杨善深一直在艺术梦里尽情高飞，飞到日本，将接触到更多的新事物。

1936 年 2 月 3 日，23 岁，身高五尺六寸的男子汉杨善深带着由广东省公安局局长何华批复的护照，按捺不住对海外艺术的向往，在父亲力排众议的支持下，告别父母，与一批勤工俭学的学生一道，登上了赴日本的"威尔逊"邮轮，开始了海外求学的生涯。

"威尔逊"邮轮驶出香港航向浩渺的南
海、太平洋、东海……站在甲板上，杨善深
望着茫茫大海，那些一波一波连绵无垠的浪
花，仿如前路有无数个风险在迎候着他。此
去经年，困难重重，杨善深心中虽然千头万
绪，此刻却涌起一个强烈的信念：一定要在
日本学好新的知识，然后回国，做一个像高
剑父那样有真才实学的有用人才！

寻梦京都

1936 年，几经辗转，"威尔逊"邮轮终
于从遥远的异国海岸到达了日本神户。日本
京都堂本美术专科学校，迎来了一位叫杨善
深的中国留学生。

京都，在公元 794 年至 1869 年为日本
的首都，历时逾千载，是日本历史上最长久
的首都，有"千年古都"之称，但日本人更
愿意将它视为精神故乡。

杨善深在京都就读的是堂本美术专科学
校（现今京都市立艺术大学），是最有代表
性的美术大学。他师从日本著名画家堂本印
象，开始接受正规的绘画基础训练。他的艺
术生涯从此进入另一个新起点。

清趣图 2002 年 138.2 cm×34.5 cm
设色纸本直幅 壬午·89 岁

杨善深赴日护照

堂本印象（1891—1975），日本昭和前期（1926—1945）闻名于京都画坛的画家，是著名画家竹内栖凤的弟子西山翠峰的学生，以写实工笔画闻名。

工笔画，中国传统的画法之一。相对于"写意"而言，工笔画用笔工整细致，敷色层层渲染，造型逼真，细节明澈入微，用极细腻的笔触描绘物象，故称"工笔"。

杨善深随堂本印象习画，重点在于训练笔法线条。

"你们一定要把线条画好，然后才能学写生……"

这是堂本印象老师在课堂上经常讲的话，看似很简单，却是非常有道理的。

老师要求笔法线条功夫要打扎实，这对杨善深影响极大，终身受益。

能到国外留学，实属难得。杨善深敞开心扉，尽情吸收各种新的绘画理论、画法。为了增长见识，在课堂之外的大部分时间，他都是到博物馆观看、学习名家的画。

他整天在藏画的处所观览，欣喜地看到日本画家渐渐蜕去了拘守古人的积习，能仔细贯彻和描绘大自然，达到了美妙、精深、丰富的境界。

当时，日本的美术印刷很精美，种类繁多，很多仿制原画的复制品也深深吸引着杨善深。他经常流连于那些书店或者画店，遇到自己喜爱的书籍或美术复制品，他的眼睛就亮着奇异的光彩，对艺术如痴如醉。

一天，杨善深发现了一些"宝藏"：京都三大名家（竹内栖凤、菊池芳文和山元春举）的大量原作。

竹内栖凤（1864—1942），原名恒吉。他的成就可算是前无古人，这点在日本是一致认同的。他作为京都派的首领，使京都画坛的现代画结出硕果。

1901年，竹内栖凤去欧洲考察美术归国后，立即改旧号"栖凤"为新号"栖凤"，一字之改，借以明脱俗出新之志。

　　杨善深认为竹内栖凤是日本最成功的画家之一。在 20 世纪初期日本画坛上，他和东京的横山大观齐名，素有"东大观，西栖凤"之誉。

　　能观赏到自己一直佩服的画家的大作，杨善深自然新鲜得就像小孩看到了鲸一样，仿佛自己是站在黑道里，一时间丧失了章程。

　　原来，早在认识高剑父前，杨善深已留意到高氏与竹内栖凤的渊源：

　　有人因高剑父深受日本绘画影响，而挖苦他的画是"挂中国牌子的日本画"。高剑父重视空间气氛的渲染，在山水画中常常运用水彩画的技法来进行渲染，表现水汽、反光、天色等，造成一种迷离空蒙的境界……

　　这些技法，与竹内栖凤的主张如出一辙。

　　竹内栖凤的画以圆山四条派风格为基础，参用狩野派、大和绘、汉画和水墨画等古典手法，外游后还研究了油画、水彩画和摄影技术，融入西方绘画的光线、空气的表现手法，善于用"水"，或淋漓尽致，或挥洒自如，达到随意高洁的艺术境地。他的画，力求创新，融合了东方古典画法和西方现代风貌，却被讥讽为"四不像"。

　　在一段时期里，杨善深专注地揣摩竹内栖凤的画艺，这成了他留日的最大收获。在他以后的艺术创作上，从其作品中总能窥见竹内栖凤画理的影子。在日本，他的创新思想被极大地挖掘出来了。

　　同时，竹内栖凤以画飞禽走兽著名，他的画作既有中国绘画的意趣与工笔画的细腻和谐，又大量融入了西画的表现技法。

　　这也激发了杨善深对动物的热爱之情。在日留学期间，他除了到博物馆、书店等处观览名家名作外，还经常到京都的动物园进行写生。

　　在 20 世纪初，日本画家对生物世界的关注热情高昂。动物画家的"灵妙活物"印本，也为杨善深带来了一股清新之风，挑起了他对动植物描绘的兴趣，这也应该是他致力于描绘动物的一个诱因。他曾经说过：

"长期写生使画家的生活面宽广了，对生活的了解逐步深入了，对生活感受自然就丰富了。"

"画家因为面对真实景物而引发的感受，正是从事艺术创作的原动力，艺术既不提倡纯客观，也不主张纯主观。客观只是个依据。"

"不同的画家，在写生时会选取不同的角度，即使角度一样，表现出来的画面也不尽相同，这当中一方面涉及画家功力的深浅！"

"画画更为重要的是作者的主观性，这也就是指画家本身的感受不同。融入作者的主观感受，作品才能具有个人风格，艺术才有多方面发展的可能。"

……

深受启发的杨善深认为：写生意义非常重大，这些对于写生的思考、画家创作原动力，都是其他方式替代不了的。如《长尾雉鸡》《白雉鸡》即当时在京都动物园的写生作品。

杨善深细心地观察花间飞舞的蝴蝶、蜻蜓，枯树老藤上停立的麻雀，苍松上虎视的老鹰，湖边栖息的水禽，水中嬉戏的游鱼和荷塘顾盼的青蛙……

现实中，每看到一样东西，都能让他活跃的脑海浮想联翩：他会联想起妩媚的春光、夏日惬意的春风与爽朗的秋风，油然产生喜悦之情，继而使人领悟到山林郊野的景象，禽鸟虫鱼在其间栖息、觅食、叫鸣的种种情景，令人陶醉。

沉醉在写生的日子是快乐的。因为陶醉，杨善深的画无论用白描或写意，都表现出大自然生机勃勃、千姿百态的美好形象。

杨善深在日本留学很勤奋，除了课堂上的知识，他自己在课外下的功夫也很深。他很自信，每次说起留学日本时，都自豪地说："我留日，自己是学习到了很多东西。我的画没有什么特别，但是我每一幅画，都经过细心思考才下笔。每一幅画，我都希望写出一点独特的地方，和以前写过的不同。"

欢乐的时光总是特别短暂的。

1937 年 7 月 7 日，日本发动卢沟桥事变，抗日战争爆发。

中国在日本留学的一大批爱国学生，对日本军国主义的所作所为表示极大愤慨，他们上街游行，共同愤怒地声讨日本军国主义的罪恶行径。

对这一关系到国家生死存亡的惨痛事件，中国留日学生的愤慨达到极点，他们的求学人生也发生了翻天覆地的变化。中华民国史研究专家王奇生在以 1931—1937 年的留日学生为研究对象的《九一八事变后中国留日学生的抗日救亡活动》一文中，谈及留日学生同仇敌忾的详细情形：

留日学生当即于 9 月 19 日宣布全体罢课。9 月 23 日，东京工业学校的中国留学生首先一致决议归国，归国运动的浪潮随即波及东京其他各校。9 月 26 日，东京 17 所学校的留日学生代表集会，决定采取一致行动。

当时情形异常悲愤激烈。9 月 29 日，大阪、京都、仙台、名古屋等地区的中国留日学生也举行集会：各地学生 2000 余人采取一致行动，选派代表 130 名赴国民政府驻日公使馆请愿，提出四点要求：下旗归国，对日绝交，对日宣战，发归国船票给全体留日学生。

10 月 1 日，留日学生们再度赴驻日公使馆请愿，但国民政府电令留日学生："此际宜顾虑学生身份，自尊自重，安心向学。"留日学生要求从事有组织的反日工作，亦未被允许。他们气愤至极，伫立雨中达 10 小时之久。最后决定推派代表 20 人先行返国，直接向国民政府请愿，并呼吁国内各界援助全体留日学生归国；10 月 8 日，留日学生监督处发给部分留日学生归国船票。9 日，留日学生宣布成立"中华民国留日学生抗日救国会"，并发表告国内同胞书，宣称"我们三千同学之目的在促成和平统一、合力对外"，表示"誓死与国内革命民众合作、一致

芦苇 1999 年 137 cm×35 cm

抗日"。

与此同时，许多留日学生把平日节衣缩食省下来的钱买船票归国。他们归国时，拒乘日本船，改搭他国的轮船。到 10 月底，回国人数在 2000 名以上，滞留未归者仅 600 余人。这 600 余人大多是无家可归的东北学生和无船资的贫寒学子……

1938 年，杨善深在愤懑之下，离开了给他提供深造条件的日本。当回国轮船驶离日本海岸那一刻，杨善深眼里对这里的艺术充满了留恋。

在这个充满艺术氛围的国度，杨善深见识了竹内栖凤的艺术之魂——创新与传统。

此刻，他心中有一个强烈的愿望：希望将来也能像竹内栖凤老师那样，屹立在天地间的伟大艺术殿堂里！

二/ 鹊起画坛

20 世纪三四十年代，

岭南画界群英鹊起的时期。

做人要"君子之言，信而有征"。

这恒久的君子品行，

也是中国读书人一直遵行的金玉良言。

杨善深从小立志学画：

1938—1948 年，十年间，

他创立了 "三勤"法——

勤练笔，"熟而能拙"；

勤写生，"一挥而就"；

勤交友，"三人行必有我师焉"。

鹊起十年，

杨善深骄而不傲。

勤练笔，"熟而能拙"

1938 年，杨善深回到香港后，马上筹备在石塘咀金陵酒家举办他的个人画展。当时，高剑父和许地山前往参观，并加以鼓励。继 1934 年，首次在广州青年会展出作品后，这是杨善深第二次展出作品。

在日本的时间虽然短暂，但对杨善深的影响却是深远的。这段求学生活为他打开了一扇了解西方的窗户，对新思想和新知识的渴望与追求，都在他的笔下变

杨善深在画画

得愈发强烈。他娴熟地运用较工细的白描勾勒，泼墨写意和兼工带写等多重表现手法。

几经苦筹，画展终于如期开幕。他展出的作品表现出大自然生机勃勃、千姿百态的美好形象。站在展厅里，看着一幅幅画，杨善深一下子就沉浸在作画的快乐中去了。

听着轻软的粤曲，杨善深拿起画笔，轻嗅着缕缕墨香，轻轻吹开浮在墨汁表面的水汽，然后下笔了。

在动荡的年代里，这浓香的墨汁下纸，让杨善深心情畅快。这种愉快的情绪，流遍了他的大脑和肌体，让他整个人变得神清气爽起来。

爱旅行和善写生的他，留学日本的时候，多次游历当地博物馆、美术馆，吸取各种艺术营养。

一直保持着勤奋作画的习惯，回到香港后，杨善深每朝晨运。凡见野花杂草有佳姿的，他一定会立即就地细观，并取纸描下其貌。《玫瑰蜜蜂图》等作品，充分地显示了他对花儿植物的细致之处。

杨善深曾经自豪地说过："我的画没有什么特别，但是我每一幅画，都经过细心思考才下笔。每一幅画，我都希望写出一点独特的地方，和以前写过的不同。"

从日本留学回国以后，杨善深确实有了一个小爆发——

杨善深的绘画受岭南画派中各位前辈的影响，但也不尽然，而是既有传统笔墨，又有现代生活气息，正如美术评论家黄蒙田所说：

"他是把学习传统提到第一位来对待的。"

"他吸收了更多岭南画派画技中没有的东西，丰富了他的表现。"

"他的这种探索、努力，完全是为了使自己的艺术创作得到提高，也是为了开创岭南画派的新境界。"

杨善深在画鹰

"杨善深的创作深厚、耐看,既古拙又新鲜,既发展了他曾经皈依的学派,也在生活和传统中探索出新的成果。"

……

勤奋的杨善深在静下来的时候,总是不自觉地在桌上用手指画着,似在潜思画法。这个动作,可见他于艺事,是时刻不忘、念兹在兹的。

他擅长花鸟,喜以泼墨法画山水,又兼写白描人物,但尤其爱画动物。

艺术评论家黄蒙田曾回忆到,他有一次和杨善深去旅行,当别人正陶醉于那里的山光水色时,杨善深却默默地对着草地上的羊群和马匹写生,甚至还跑到猪圈那。

他就是这样,全身心投入到他喜爱的事物中去,所谓"夕阳芳草寻常物,解用都为绝妙词",他许多作品都是从一花一鸟、马羊鸡猫甚至猪等动植物中发掘出它们的生命神采,把握它们的性格特征。这些动物题材的创作,既古雅,又清新,杨善深越看越喜欢。不经意间,他嘴角挑起了一丝笑意。

勤写生,"一挥而就"

1945年,杨善深要在中山石岐举办画展。当时他早已经留学日本归来,在广州、湛江等地已举行了不少画展。时任中山县负责人邀请杨善深前往中山举办书画展。

中山县是中山市的前身,存在于1925年至1983年,主要范围包括今广东省中山市、珠海市。

1945年1月15日,中共的华南人民抗日游击队珠江纵队在五桂山古氏宗祠成立;1945年8月15日,日本宣布无条件投降,中山随之光复。

1945年8月至1949年9月全国解放战争爆发……

在这样一个动荡的时代,早从香港避战到澳门的杨善深,决定不辞劳苦,自

1. 杨善深生活照，摄于吴哥窟
2. 杨善深黄山照
3. 杨善深在 90 岁时摄于黄山
4. 杨善深生活照，摄于加拿大
5. 杨善深生活照，1995 年摄于云城十六街
6. 杨善深在广州天风楼高奇峰故居

```
1
2
3 | 4
5 | 6
```

己把画拉到中山展出。他用双倍的工钱雇了一辆牛车和一个工人负责拉画，连同高剑父老师的一位女学生游云山一起启程了。

论资排辈，杨善深应叫这位游云山女士为师姐。她是高剑父老师的学生，后来去了台湾，开了一间佛教的梵文学校，号晓云法师，终身从事教育事业，于2005年去世。

"此去中山，路途遥远啊……"杨善深轻轻喟叹了一声，然后陷入沉思。

32岁的杨善深，心高气傲，充满激情。

为了追寻心中的乐土，于是在历史的岁月里便留下了这样一个画面：在曲折的山路中，受雇佣的人在车前使劲拉牛，杨善深则在车后面推。这车是以前农村人用来拉稻子的，用木做成，一个轮子，两个手柄。用绳子拴着手柄，在前面拴上一只牛。

走到累的时候，杨善深就让师姐坐到车上，他一个人在后面推……

杨善深一行人辗转赶路来到南朗镇，决定休息一晚再取道石岐。经过两天一夜的赶路，车夫与杨善深轮流赶车，杨善深的画得以平安到达中山石岐。

那一场展出很轰动，县长亲自为杨善深举办了这个画展。当时展览完，有很多作品留在了中山。经过战乱，而且当时的人都成了老一辈，很多作品都找不到了，很可惜。

不过能与这个具有历史意义的时期拉上关系，这本身就是一种无上的荣耀啊！

就是这份荣耀，让杨善深与中山多了一份亲切感。于是，即使是在晚年，杨善深也多次到中山等地写生。2013年是台山籍著名岭南画派画家杨善深100周年诞辰，中山市举办书画展纪念杨善深一生对艺术的贡献。8月23日至9月2日，"春风妙笔——杨善深百年诞辰书画展"在中山美术馆展出。

杨善深喜爱接近老虎

　　杨善深在各领域无一不精，以动物画最显其个性。他创作的动物画佳作，如《白马》《我最知鱼》《竹蜢》，物种涵盖昆虫、水族、家畜、禽鸟等，无一不惟妙惟肖，栩栩如生。

　　为捕捉动物的动态，杨善深常常出走各地，每见有神态活现的禽畜便驻足细观，以速写、默写和摄影将其生动瞬间记录下来。

　　在他看来，这些事情做起来一点都不费力气，却是十分重要。

　　近代画坛多数画家都只擅长描绘一两种动物，而像杨善深这样善画各种门类动物的画家却寥寥无几。他在这方面大力继承和发展，对于动物画在中国画坛的发展，产生积极的作用和影响。

　　杨善深仿佛一眼就能看穿所有的走兽，如同会看风、会使舵，浪里调头是他的看家本领。他笔下的走兽除了表现笔墨之外，还追求新的画法、新的意境，把各类动物的灵性、自然神态以及不同生活习惯，连同动物在大自然的生活意趣，表露无遗。

　　如老虎的威风，狮子的彪悍，豹的凶猛，小狗的机警，绵羊的温驯，猴子的灵捷和猪的笨拙等等，都惟妙惟肖，传神悦目。

　　他画的老虎，也是他表现独到的动物题材之一，《虎穴》一画，不画虎的凶猛、咆哮，却表现母虎爬上悬崖回穴时，不看穴中的乳虎，却警惕地回头张望背后的动静，反映出保护幼子的母爱，与众不同地刻画出猛兽的善良的一面。

　　同时他画猫、画兔的用墨浓淡也掌握得很好，墨晕的效果显出了它们身上毛茸茸的质感，淡墨和浓墨交错的地方，尤其显现出了墨色变化的奥妙。

　　不仅如此，有些作品还能使人感受到山川的雄伟气势，猛兽在其间奔驰叫吼的种种情景。呈现出画内有情、有景、有声和画外有画的艺术效果。然而，达至此境界，来之不易，除了要有良好的素描基础和纯熟的笔墨技巧外，还要对各类

杨善深与虎合影

动物的形态、性格进行深入研究，并经过长年累月的反复观察和苦心写生，才能得心应手，一挥而就。

而这一切成果，归根结底，不得不提到杨善深勤写生的习惯。他觉得长期写生使画家的生活面宽广了，对生活的了解逐步深入了，对生活感受自然就丰富了：

"现在有些画家喜欢以拍照片代替写生，其实细分之下，两者的个中感受是不同的，画家因为面对真实景物而引发的感受，正是从事艺术创作的原动力，艺术既不提倡纯客观，也不主张纯主观。"

"客观只是个依据。"

"不同的画家，在写生时会选取不同的角度，即使角度一样，表现出来的画面也不尽相同，这当中一方面涉及画家功力的深浅，更为重要的是作者的主观性，这也就是指画家本身的感受不同。"

"融入作者的主观感受，作品才能具有个人风格，艺术才有多方面发展的可能。"

俗话说，台上三分钟，台下十年功。

二十岁时，杨善深家居香港湾仔。每天天还没有亮，他就迫不及待地跑到车站等候第一班电车赶到目的地写生……

一如既往，三十年间畅游祖国名山、胜景、古迹，见其画稿，便知此乃从艰苦行程中寻找创作素材，从而丰富自身的创作内涵，进而提升他领悟大自然奥秘的功力，最终才有大气磅礴的绘画创作，杨善深创作的灵感来自天地万物间。

"今后，我也要一如既往坚持走勤写生的艺术道路，创作出富有本色的作品。"杨善深在无数次的写生中，获益良多，"不少昔日的古迹如侯王庙、宋王台等如今已是面目全非，唯有我的写生稿可作纪念。"

可见，在探索中国绘画领域内传统与革新的过程中，写生对他的绘画创作思

古刹 2004 年 138.2 cm×34.8 cm
设色纸本立轴 甲申三月·91 岁

想有很大影响！

勤交友，"三人行必有我师焉"

"呵呵！善深老弟，这次又有机会让你大显身手了！" 1947 年暮春的一天，高剑父等人激动地说。

杨善深投以一个浅浅的微笑，心想：这可是个大事啊！要投入很多的精力。

原来，早在 1946 年高师已在广州创办了南中美术院以取代春睡画院，并自任校长。昔日的许多同学都在这间美院任教，关山月也常常到这里与同学们聚会。

1947 年暮春，前辈陈树人从上海回广州探亲，住在清末探花桂南屏家里。

陈树人（1884—1948），原名哲，后改名韶，字树人，以字行，号葭外渔子。籍隶广东番禺（今广州），年十七学画于居古泉（居廉），与高剑父为同门。夫人居若文，即居古泉（居廉）侄孙女。旋留学日本，先后毕业于京都市立美术工艺学校绘画科、东京立教大学文学科。

陈树人虽与高剑父、高奇峰开岭南画派先河，合称"岭南三大家"，但其画风，有个人面目，异于高氏兄弟。他绘画注意写生，并弃仿古，花卉敷色，别有技巧，能表现其娇艳柔嫩，而有清秀明丽之气。

陈树人是岭南画派的创始人之一，又是清游会的会长。他回到广州，立刻在美术界掀起了一个劫后重逢的活动高潮。那段时间，每天都有一班画人请他喝茶、吃饭，互诉离情之苦。

一天，杨善深与高剑父、赵少昂、黎葛民及关山月等一班师友相约一起邀请陈树人喝茶。

陈树人当时仍任全国侨务委员会委员长，但是他毫无官气，长衫布衣，文质彬彬，态度和蔼，言谈亲切。他坐了首位，和大家一边品茗，一边谈心。

八年离乱，又庆重逢，庆幸何如，师生们抚今追昔，话越谈越多。

陈树人见师兄弟别来无恙，后辈学生有成，不禁拈须微笑，即席写了一首七绝赠给高剑父："中兴艺运吾曹责，此日仍难卸仔肩。四十七年余老友，更应相勉惜余年。"

锦绣年华 1955 年 126 cm×50.2 cm
设色纸本立轴 乙未新春·42 岁

1. 杨善深与潘鹤（左）合影
2. 杨善深与胡荣人（右）合影
3. 杨善深与十万山人（左）合影
4. 杨善深与何志平（左）合影
5. 杨善深与黄君璧合影
6. 杨善深（左）与香港特首董建华先生（右）合影

陈树人的话语从容。在师伯的平静语言中，悲欢离合的情愁湿润了杨善深的眼睛。颇有内涵的杨善深一声不响喝了一口热茶，以一种安详泰然的态度按捺住心中的激动。

这时，陈树人拉开洪亮的嗓音，提议说："这些年战祸频繁，故人星散，今天难得碰在一起，我们何不联合办画展，作为纪念？"

杨善深一听非常兴奋。他暗想：我肯定能完成这次的绘画任务。同时，他向高剑父投以一道忐忑而期待的目光。

高剑父没有犹豫，立刻朗声附和："树人兄这主意好极了，我们这个联展不但是个纪念，也是一个汇报，让社会都知道我们这几年做了些什么，还可以通过联展把锣鼓重新敲响！"

高师表态，一锤定音，当场便确定了参加联展的名单：高剑父、陈树人、杨善深、赵少昂、关山月、黎葛民。

先前杨善深稍有犹豫，这样一种新模式，自己要用心准备才行。由于参加联展的是岭南画派的代表人物，而且参展的作品又是大家的代表作，这样一来展览作品的要求比较高，自己要认真对待才行。

几经准备、挑选，杨善深很快就拿出了自己最满意的作品。

因为大家都非常重视这个展览，不几天就凑足了一百幅画作。

六人联合画展终于在广州中山图书馆开幕了，当天可谓热闹非凡，参观者把广州中山图书馆的大门口围得水泄不通。展出期间广州各大报纸争相报道参观的盛况并盛赞画展的成就。

看着蜂拥而至的参观者，杨善深忐忑的心多了一份肯定。

这时，师伯陈树人高兴地说："这次联展是岭南画派一座具有历史意义的里程碑。我有个提议，我们六人合画一幅画，然后用抽签的办法，谁抽中画就归谁！"

四君子（赵少昂，杨
善深，黎雄才，关山
月，1986 年合作）

1948 年，关山月、高剑父、陈树人、黎葛民、赵少昂、杨善深在广州中山图书馆举行六人联展时合影，并在照片上签名留念

听到这个提议，杨善深眼睛里闪耀着快乐的光芒，他乐呵呵地点了点头。

六人最后不约而同地决定画一幅百花图：杨善深写白杜鹃、赵少昂画桃花、陈树人作竹、黎葛民染紫杜鹃、关山月补红梅，最后高剑父题跋。

这幅画，是六人共同提炼的一个甜蜜的世界，关山月幸运地抽得了这张画。

虽然没有抽得此画，杨善深心里还是异常兴奋：凡作画，必专心致志，且多做精妙的研究。后来，这些画坛大家经常一起作画、联合举办画展，这真是一笔很宝贵的财富，三人行必有我师焉。

最后，六人合拍了一张照片，共晒了六张，每张都有六人的亲笔签名，也各执一张留念。六人合照为这次的画展画上完美的句号！

在杨善深看来，勤交友也是一种学艺技巧的积累，是一种具有内在韧性的美。大幅画布使大家必须与空间搏斗，不但要填满它，还要给它生命，把自己完全注入其中。

这也是杨善深自创的一种生活方式，适我无非新，不光是在艺术上，也存在于他的日常生活当中。

三/ 重要交游

艺术生命或是精致，或是烦冗。
杨善深的艺术生命因有几位重要的人物而变得出彩。

1933 年，中国大地，久遭兵燹，烽火频仍。
在这样的动荡岁月里，
杨善深遇到了亦师亦友的高剑父，
从此高师在他的世界翩然起舞。

1940 年，杨善深远赴星洲，
巧缘结识徐悲鸿，
收获面包纸上的序。

1983 年北上办展览，
在北京结识李可染，
李可染为杨善深写牌匾"春风草堂"。

因为有他们相伴，
杨善深的艺术生涯就像吃西瓜，吃的是瓤，扔的是皮，留着的是种子。

高剑父：亦师亦友

1936 年，留学日本的杨善深，常常自问：如何才能更好地学好绘画？他带着这样的困惑学画、不断探索，而后明白了：必须要努力冲破艰苦的生活前进再前进！他四处奔波，寻找、观摩、临摹名画，逐渐掌握"以形写神"的真谛。可是，好梦不久。不到两年，抗日战争爆发，杨善深被迫回了香港。据网上资料，当时香港也是一片混乱——

1938年1月，八路军香港办事处成立，对外称"粤华公司"，广泛联系海外华侨、港澳同胞和国际力量开展抗日斗争。

让杨善深万万没有想到的是，因为他曾留学日本，会日语，被日本人盯上了。他们威逼利诱杨善深出来替他们做事。愤怒激起杨善深内心的不安。他辗转反侧，不能成眠。

1941年12月25日，第二次世界大战期间，日军进犯香港，驻港英军无力抵抗，当时的香港总督杨慕琦无奈宣布投降。香港被日本占领，开始了三年零八个月的"日治时期"。

杨善深与父亲杨凤书商量后，在彻骨哀痛中，连夜带胞弟杨君泽离乡背井，一同避居澳门。

"你到澳门后，去买间屋然后出租、收租，作为你和弟弟生活费用的来源。"

在这兄弟两人逃去澳门前夕，细心的父亲杨凤书给了杨善深一笔钱。可怜天下父母心，战乱中，父亲想的还是自己的两个儿子。

可杨善深是个着重艺术的人，全无商业头脑——

到澳门后，杨善深买了一间在他眼中觉得风景奇好的屋，但是买下来后无法租出。因为那屋虽然拥有很好的风景，却是在炮台之下，是抗战时人们眼中高危的地方，无人敢住。后来杨善深不得不以低价卖出了……

"我一生什么都不懂，就只懂得绘画。"杨善深感慨道。的确，自小就喜欢绘画，他穷尽一生精力，花了近一个世纪的时间，都在绘画。他这一辈子，从来没有打过工，手好像棉花一样，很软。

这位从来不干活，又没有生意头脑的少爷杨善深，住到了澳门的高地乌街。

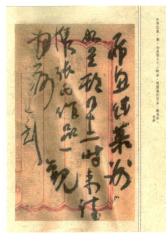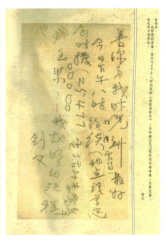

高剑父写给杨善深的信

每一个困难都是一个新的开始。其后，高剑父亦自内地迁居澳门，就住在提督街。

杨善深家宅与剑父家就隔一条街。两人的偶遇，就像一块被抛起的石头，突然落在了澳门这个宁静的湖面上。

与像高剑父这样曾经在辛亥革命中叱咤风云，官至东军总司令，尔后在画坛上举起新国画运动大旗的一代宗师异地相遇，杨善深与高剑父的接触更加密切。他们经常相约品茗、谈论画技。

一天，杨善深接到了高剑父家工人匆忙拿过来的一个信封。他心有领会地微笑着，翻到信封后面：

善深弟：

　　闻晓王校长约茗谈，最好明日（星期日）午十二时到一时，到天香顶楼一叙，风雨不改。因礼拜一（星期一）我又去氹仔矣，届时能与校长偕来至佳。

老剑拜约八月十二日

善深弟：

　　我昨晚到云台，最好今日下午八时约同谈（地点请尊定）。届时拨 25477 电话到李乔峰处。至紧至紧！我或明日启程也。

剑父

张继持先生期求大笔一挥如何？

善深老弟，老剑代函

　　……

高剑父写给杨善深的信

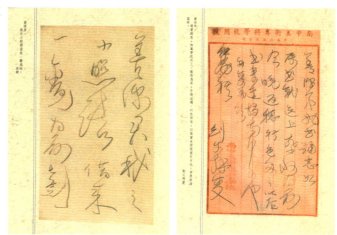

原来，高剑父是很节省的。每次他想约杨善深，就会随手拿出一封信，把信纸拿出来，用这个空的信封，翻到背面，并在上面写字。

信写好以后，他就派个工人把信送给杨善深。他们经常去澳门的天香楼喝茶。

那时高剑父在澳门的生活很潦倒，经常要卖画维持生活。

每次高剑父卖画，都由杨善深牵线。杨善深很聪明，拿到高剑父的画后，先自己垫付一点钱给他做生活费，然后拿着这些画临摹下来，最后再找人去卖。一来二去，杨善深的画技日益进步。

直到高剑父的儿子高励节大学毕业到香港工作，高剑父把妻子移居到香港。他想在香港买一所房子，但是没有钱。思来想去，高剑父决定让杨善深拿着一批他的画去卖掉。

一如既往，杨善深做中间人，找了一个富翁买家。

可是高励节和母亲觉得这位富翁不能很好地理解高剑父画的意义，卖给他很可惜。所以后来就半卖半捐，给了香港政府。因为，政府会定期拿画出来展览。

在澳门，好学的杨善深常常聆听高剑父对艺术的见解，周日常与高剑父、关山月、司徒奇等出外写生。无形中，高氏擅长的老辣朴拙之画风无疑对杨善深书画艺术创作产生深远的影响。虽然他并不是剑父先生的入门学生，但二人这种亦师亦友的关系，导致世人自然地将他归为岭南画派之成员。

杨善深一直都很欣赏高剑父，欣赏他的艺术，艺术成就。

在澳门期间，高、杨两人还与篆刻家冯康侯等画友成立"协社"，集结同好，共同切磋，画艺日渐精进。

抗战后期，由于内地大批难民涌到澳门，引发澳门大饥荒，每日饿毙街头者两百余，境遇尤惨。

1944 年 3 月，澳门各界联合举办"筹赈难童餐书画义展"，为了实践艺术救

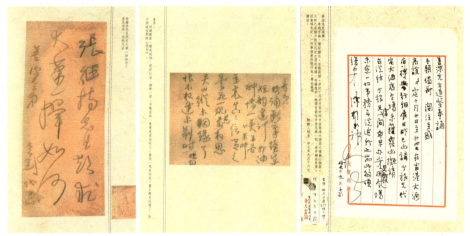

高剑父写给杨善深的信　　　　　　　　　　　陈树人写给杨善深的信

民的理想，"澳中书画界的文人，奋袂而起。马上就总动员起来，本着人之欲善，谁不如我之慨"，[1]杨善深与协社会员们将义展筹得的款项，全部捐做难童救济。

1945年9月15日，日本战败后在香港签署降书，撤出香港。在澳门住了三年零八个月后，杨善深终于得以重回香港。

1951年6月22日，高剑父在澳门去世，终年72岁。杨善深与司徒奇、黎明当场速写了高师的遗容。

高剑父去世后，杨善深一直怀念着这位好老师、好朋友。1981年5月30日，杨善深、高剑父的儿子高励节以及关山月去拜祭高剑父。

高剑父墓在九龙粉岭。那天清早，关山月夫妇、高励节、杨善深和他的两位学生一行六人冒雨出发。

到了粉岭山麓，雨哗啦啦愈下愈大，瓢泼、倾盆，黑云密布，天仿佛要塌下来似的。他们无法前行，只好站在附近居民的栅栏前避雨，过了约半个钟头影云稍启，这才上山。

山上净是密密麻麻的坟场，这里原来是个乱葬岗，此时由于大雨滂沱人影也没有，甚是荒凉。

他们穿行于凌乱的坟墓间，约莫走了十多分钟才找到高师的墓。坟墓是用泥土垒起来的，芳草蔓长，墓前只有一小块半月形的灰沙坟场作为拜台。墓前立了一块石碑，刻着"高公剑父之墓"六个大字，是杨善深的笔迹。

关山月一眼望见那六个大字，心头一阵酸楚，眼眶顿时湿润了："恩师啊！

---

[1]　李伟铭辑录整理，高励节、张立雄校订：《高剑父诗文初编》，广东高等教育出版社，1999年。

杨善深为高剑父所绘画像

弟子拜祭太迟了！"

周围一片寂静，同行的人肃静默然。此时，杨善深心潮澎湃，往事一件接一件地涌现并冲击着他的心坎，高师对于他恩重如山啊！

霏霏的小雨如烟如雾，洒在他们身上，洒在高剑父墓上。他们在那个小小的坟场上徘徊了许久、许久才离开。

杨善深一生对高剑父都怀着深深的敬意与感激之情。从艺术生命的起点到生命道德的完善……离不开高师亦师亦友般谆谆的教导。

徐悲鸿：面包纸上的序

往新加坡的轮船摇摇晃晃离开香港码头，悠悠然向新加坡驶去。身后的香港，已经像影子一样模糊。

1940年的一天，杨善深坐在轮船上，海风吹来，裹挟着寒意，他不禁心头一颤。他神色凝重，透出一种坚定的力量。原来，他此去新加坡，是要在那边举办画展，意义非凡。

邮轮越往前走，海面越是险峻闪晃，波咬波，浪衔浪，泡沫并接泡沫，一切仿如杨善深的前路，艰险、莫测……"每个困难都是一个新的开始。"他自我鼓励道。

历经数日的路途，杨善深终于到达了目的地。抵达新加坡后不久，杨善深当即与陆丹林先生取得联系，并由其引见了郁达夫先生。

陆丹林与郁达夫交往匪浅，最具代表性的一件事，郁达夫"可以称为绝唱"的组诗《毁家诗纪》，就发表在陆丹林主编的1939年3月香港《大风》旬刊第30期。

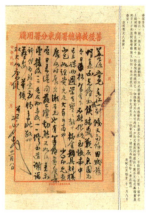

黎葛民写给杨善深的信　　关山月写给杨善深的信

陆丹林 1946 年 11 月又撰长文《郁达夫"毁家"前后》，详述《毁家诗纪》发表始末。他认为"这些诗词不只在达夫个人生命旅程上有极大的关系，即使在近代文学史上也有它的价值"。而极为珍贵的《毁家诗纪》手稿，也由陆丹林在"文革"前夕捐赠给北京图书馆而得以幸存。

后来，杨善深得知大画家徐悲鸿也在星洲，并住在黄曼士家中，欣喜万分。徐悲鸿的出现，给杨善深的情感、生活都揭开了一层面纱。一份燃起的青春艺术家的自信骤然而至，让人愉悦不已。

郁达夫先生于 1938 年 12 月抵新加坡。当时他任《星洲日报》文艺副刊《晨星》及《星洲晚报》文艺副刊《繁星》和《星光画报》文艺版的主编。他热心文化艺术事业，和当时旅居新加坡的画家徐悲鸿、音乐家任光经常来往。

1940 年郁达夫成为新加坡南洋学会创建人之一。

年轻的杨善深志忐地对郁达夫先生说："能否代为介绍引见前辈徐悲鸿？"说完自己的愿望，杨善深小心翼翼地等待着郁达夫的回答。他期待的心里，觉得自己似乎变成了一条深海鱼。

郁达夫也是很热心的前辈，他就像走入杨善深的心境，感受到了他对徐悲鸿的敬仰。他随即致电黄曼士家，知会了徐悲鸿先生。

其后杨善深便由画家陈月秀陪同前往拜会徐悲鸿。一路上，杨善深活像一个孩子，愉悦地走在人行道上。

徐悲鸿热情接待了杨善深。两人友谊的种子也就此得以播种。

江苏省宜兴县内有条塘河，河上有座屺亭桥。徐悲鸿于 1895 年 7 月 19 日出生在屺亭桥镇的一个平民家庭，原名寿康，年长后改名为"悲鸿"。父亲徐达章是私塾先生，能诗文，善书法，自习绘画，常应乡人之邀作画，谋取薄利以补家用。母亲鲁氏是位淳朴的劳动妇女。

杨善深此去新加坡，是为了筹备个人画展。人生地不熟，问题时常出现。所以杨善深经常向徐悲鸿请教。

每次问起，徐悲鸿都和蔼可亲地给予解答，从不摆大师的架子，更不显得高人一等，对杨善深的疑难问题总是循循善诱。

有一天，在闲谈中徐悲鸿对杨善深说："善深，你的画画得很好，我在你这样的年纪时所画的画亦比不上你的。"

听到这样的褒奖，纯朴的杨善深自然是受宠若惊，同时亦觉得很荣幸。

"我当时是觉得很庆幸，没有想太多。后来回想当时的情形，我真是汗颜。其实，我当时那幅作品并不十分好，徐师是为了鼓励我才这么说的。因为这番话，我真的很受鼓舞。"

杨善深回想起当时的情形，非常感激徐悲鸿的鼓励。这种胸怀，实属大师也。

杨善深举办画展的日期快到了，他忙碌的身影一直穿梭在展厅里。

热心的徐悲鸿也劳心劳神地为其筹备，"善深，你在这里人地生疏，而画展开幕日期也马上到了。这样吧，我为你写写请柬吧。"

得到徐悲鸿的亲笔书写请柬，杨善深一度紧张的心情才稍微开朗起来。

说到做到。徐悲鸿不停地为杨善深这位后辈画家作推荐，并亲笔写请柬通知他的朋友。

徐师所写的请柬除保存一张外，其余的都被杨善深一一寄出。保存下来的这一张，成了杨善深与徐悲鸿相识相知的纪念品。杨善深颇感荣幸，并视为珍宝，悉心珍藏。

在画展前的一天，杨善深和徐悲鸿在外边品茗。在回曼士家途中，经过一家面包店，徐悲鸿想起黄曼士的女儿喜欢吃面包，就买了几个带回去。

回到曼士家中坐下，杨善深请徐悲鸿为他的画展作序。徐悲鸿当即答允，随

玫瑰
年代不详
64 cm×33.5 cm

手拿起那张包面包的纸，略为用手扫平，就在上面书写起来。序文是这样的：

　　中国美术在世界上之贡献，以绘画为最重要，18世纪以前，举全世界之山水画，无能与中国比拼者。故欧自19世纪以来，各派并起，精神与形式并重，画境益拓。三十年以降，且有主张废弃寻常形式或废弃正常精神，而一意追寻知觉至于无声无臭者，于是画境太奥，遂至于画之动机都亡。

　　故无论艺事之如何演变。中国绘画上花鸟之造诣自宋至今九百年，尚未见何邦足与颉颃者。其杰出之大师，若徐熙、黄筌、黄居宷、易元吉、滕昌祐、徽宗、赵昌、崔白，其思致高逸，与其博采丽章，真足沾溉百代。东人曩日窃取其品之尤，传移模写，而称雄于其土者多，不胜书，又且转道至欧洲而影响其艺事，如瑞典今日名家李耶福尔斯Lyefors，其著者也。

　　杨君善深，粤人，最工写花鸟，溯奥自明林良以降，工花鸟者，代不乏人，民国纪元前，前辈有若居巢、居廉两先生，其道至今尤昌，足以副吾国缔造之隆面鸣其盛者，此去抗战胜利不远，杨君其勉之矣。

　　这篇序文由杨善深送交郁达夫先生，在《星洲日报》上发表出来。序文刊登后，郁达夫先生又将原稿退还给杨善深。

　　这张包面包的纸，47年后，杨善深还完好地保存着。这上面有徐悲鸿这位前辈大师对后辈的一番情意。这是后话了。

　　杨善深的画展还没有结束，徐悲鸿因另有活动要离开星洲。临别前，徐悲鸿

杨善深题跋徐悲鸿画

和朋友们聚会，他对诸朋友说："离别在即，大家互赠书画以留纪念吧！"

在座的都表示赞同。

当时，杨善深与徐悲鸿合作了几幅画，其中有一张，他画了一只飞鸟。

"飞鸟的尾部应该是张开的。"

徐悲鸿看到杨善深画的飞鸟后，立马就指出了不妥之处。

互相赠送书画时，徐悲鸿当场画了三张马，他亲自选了最好的一张送给杨善深。

这匹马杨善深保存了数十年，每每睹画如见主人，徐悲鸿的胸襟典范，确实令人无法忘怀。

十多年后，杨善深请张大千先生在序文题字，张大千看了这面包纸上的序文后，亦深佩徐悲鸿先生之为人，欣然题词。原文如下：

读悲鸿赠善深道兄此序，知善深兄造诣之深，根源所自。今去悲鸿作序又十余年矣，善深兄卓然自成家法，又非居氏昆季所能方拟，惜不得与悲鸿共赏之也。

辛卯四月张大千写

受到徐悲鸿的鼓励，杨善深愈加勤奋练笔写作。青出于蓝而胜于蓝，他在艺术上取得的成就在某种程度上可以说早已超过他的老师，为岭南画派增添了灿烂的光彩，在新的时代把岭南画派推向了一个新的阶段、新的高度，是位承前启后的艺术大师。

李可染：一字千金

1983 年 3 月 12 日，岭南画派第二代传人杨善深、赵少昂、关山月、黎雄才联合举办的画展在香港正式开幕。随后，四人将作品转展北京，在中国美术馆举办四大家画展。

云漫漫兮白日寒，天荆地棘行路难。

谁谓天地宽，出门何所处？

……

这些文字，最能体现杨善深等四人带着作品到北京开画展时的徘徊心情。

一向对画坛人物颇有研究的杨善深知道大师李可染此时也在北京，于是冒昧写了一张请柬给他，希望他能够出席这次的四人画展。

李可染（1907—1989），中国近代杰出的国画大师、诗人。江苏徐州人。自幼习画，早年先后入上海美专、国立西湖艺术院学习。他自幼即喜绘画，13 岁时学画山水。1923 年入上海美术专门学校学习，两年后毕业回乡做小学教师，并任教于徐州艺术专科学校。1929 年考入国立西湖艺术院研究班，学习油画并得到林风眠的指导与赏识。1946 年任教于北平艺专。1956 年为变革山水画，行程数万里旅行写生。其山水画早年取法"八大"，笔致简率酣畅，后从齐白石习画，用笔趋于凝练。又从黄宾虹处学得积墨法，并在写生中参悟林风眠风景画前亮后暗的阴影处理方式。画风趋于谨严，笔墨趋于沉厚，至晚年用笔趋于老辣。亦善画牛，笔墨颇有拙趣。

谁都没有料到对于素未谋面的杨善深的邀请，李可染会如此重视。

收到请柬以后，李可染立马叫人准备了一个很大的花篮送到画展现场。花篮送过去以后，那几天，展览会上很多人，人头涌动，观者如潮。

看着鲜艳的花篮，杨善深心中对这位大师充满了敬佩与感激之情。

诚然，李可染大师对这四位岭南画派第二代传人的重视还远不止于一个花篮，他还亲自到画展现场观看。在中国美术馆的展厅内，年老的李可染从头到尾观看了一个多小时。

对于四大家的画，李大师很是赞赏。观看后，他主动邀请杨善深等四人到家做客。

杨善深内心渴望透析这位亲切的李大师，同时又对他友爱的接待充满感动。

"李大师，您能否为我题写堂号？"

"当然！"

……

在李可染的画室"师牛堂"里，杨善深与李可染谈笑风生。在杨善深的邀请下，李大师欣然命笔，即席挥毫，"春风草堂"四个大字跃然纸上。

离开李可染的家时，杨善深捧着这份珍贵的礼物，心里沉甸甸的。这字，价值不仅仅在于它是李大师的真迹、它能展示李大师的书法艺术之高深，更在于它体现了李大师对后辈的关爱与鼓励。一字千金、一字万金都不足以涵盖它的意义。

这块匾一直挂在杨善深香港家中的客厅中央，一直到他去世。他去世以后，他的二儿子杨天建（杨善深去世前，指定他为负责人）把这块珍贵的匾以及杨善深生前最后一批画捐赠给广州市荔湾区档案馆。

2001年李可染作品在香港展出。已是88岁高龄的杨善深得知画展消息以后，第一时间送去花篮，以示祝贺。同时，他坚持每天都到展览厅观看画作。

他淡尽风烟，以其纯真、明洁的心灵，清雅素远的意境，不知疲乏地飞行。在大师的画中徘徊，他仿佛回到1983年的某一天，他正与李大师在"师牛堂"畅谈艺术。

与李大师交往的点滴闪电一般掠过杨善深的脑海。

因缘巧合，在 1999 年，经香港黄先生介绍，李可染大师的儿子与儿媳—李秀彬、唐丽媚首次拜访了杨善深。

当时杨善深住在香港半山宝珊道。寓所前是一览无遗的维多利亚港，屋后则是茂林修竹的半山坡，环境极为幽静优美。知道李大师的儿子、儿媳妇要过来，杨善深很激动。他早早就在家门口等待。

"来，我们到客厅去坐吧。"

"好的。"

……

杨善深热情地带着这对夫妇到客厅就座。

观察细致的杨善深发现，可能因为首次见面，唐丽媚有些拘谨。他张嘴就说起客家话来。那柔软的客家话像一阵春风，非常轻快地从唐丽媚的心灵上轻拂而过。

杨善深缓缓地说着与李可染大师之间的往事，平淡的话语静静地带走了大家心中的生疏，又静悄悄地为大家带去愉悦。

说来也巧，唐丽媚与杨善深同是台山赤溪人。

种种因缘际会，他们交谈得更加愉快了。那情景，真是乐境写就的一幅相遇图啊！

消除陌生感以后，唐丽媚用客家话与杨善深攀谈起来：

"杨老师啊，其实没有来拜访您之前，我就听秀彬讲过您。之前有一天，秀彬笑呵呵地对我讲，赤溪是个好地方，出了个名人。"

"当时我很疑惑，出了名人？是谁啊？您都知道啦，我们那个地方比较落后，消息比较封闭，一点都不知道杨老师您的事情。而且杨老师您出去的时间比较长，

海棠 年代不详 91 cm×33.5 cm

所以大家对您不是很熟悉。"

……

"我也很挂念故乡的!"

听到唐丽媚的话,杨善深感觉心头一热:原来回归故乡的种子,一直深深埋藏在心中,他在耐心等待另一个春天。

由于父辈友谊和乡亲关系,此后杨善深与唐丽媚夫妇交往较多。他对待他们,就像对待自己的亲侄子一样,充满亲切。每次到内地游览参观,他都会特意叫唐、李夫妇陪同。

2002年的一天,杨善深接到唐丽媚夫妇的邀请,到他们佛山家中做客。

此时已经89岁的杨善深,依然保持着健康的身体,开朗的心态。他一直都在寻找心中的昙花,哪怕只是千年只开一次,也要一睹为快。他随即回信允诺,并很快动身到了佛山。

当时唐丽媚夫妇住在七楼(无

电梯），89 岁高龄的杨善深在上楼时表现得十分轻松。

"杨老师，我来扶您吧。"

唐丽媚在一边看着这位九旬的老人上楼梯，甚是担忧。

没想到杨善深果断地拒绝了，摆了摆手，说："不用，阿媚，我自己可以的！"

就这样，他毫不费力地爬了七层楼梯。

当看到唐丽媚家中客厅挂的一副李可染大师写的对联时，杨善深深有感触："阿媚、秀彬啊，这副对联好珍贵，你们要好好保存。"

他看着李大师的真迹，眼睛里透露出对大师深深的缅怀，怀念之情像长篇连续剧，每天都有一集。

随后，杨善深跟着唐丽媚夫妇，参观了唐丽媚耕耘的一百多平方米的天台。当时她种了不少花草，还有一块专门的菜地、鱼池、小果园……

"哈！花鸟鱼虫，田园风光，真是瓜果飘香。"

"这里在不同的角度都可以画出一幅好画，你们可以在家里写生了。"

杨善深三句不离画画，幽默的话语引得大家一阵阵欢笑。

这次做客李秀彬家，杨善深很高兴。过了一段时间，他专门为唐丽媚写了一幅字：到清凉处散散心！

简短的 7 个字，一下子写到唐丽媚的心坎上了，这让她很震惊。她当时已经退休了，生活既享受又枯燥。杨善深能如此理解她，实在让她佩服这位老人的细心观察。

对唐、李的关爱不光是细心观察，杨善深还细心地为李秀彬进行了绘画指导。他就像个气功大师，把逼人的才气，绵绵不断地推过来。

好学的李秀彬也继承了李可染的本领，喜好画画。他曾经画了五六张画，请杨善深指点。

李可染儿子李秀彬（中）、
儿媳唐丽媚（左），书法家
古桂高（右）

　　杨善深很谦虚地笑着说："秀彬啊，你是李可染的儿子，还叫我提意见，我可不敢呐。这样吧，我帮你题几个字进去吧。"

　　说着，杨善深认真地看起李秀彬的作品。

　　很快，他给其中两幅画加了字，剩下几幅画提了意见："你延续你爸爸的画法，很好！用你老爸的笔墨来画南方的山水，很独特，继续走下去吧。"

　　杨善深在对后辈的指导当中，从来不会提出批评。遵循古人的做法，不批评就是最好的肯定了。这样的肯定，充满震撼人心的艺术感染力和视觉冲击力，让李秀彬很受鼓舞。

四 / 肝胆相照

曾经，杨善深像一个剑客，
在中国画坛上自由穿梭，
创造出众多惊人的艺术佳作。

80 年代，杨善深参与了一场岭南画派的盛宴，
以画师的身份，全力以赴，
为画展添红、点绿。

杨善深与关山月情谊深厚，
两人相知相勉，
最大限度地发挥岭南画师执拗的特点：
事无巨细，做到最好。

忆苦思甜"庆相逢"

"没想到，一别就是三十多年了！"

"是啊。"

……

1980 年 5 月 13 日，在香港九龙太子道附近的庆相逢酒楼里，上演了一场别开生面的好友庆相逢、感慨的场景。

原来，在与杨善深分别三十多年以后，关山月、余本、黎雄才三对夫妇从广州出发，坐广九直通车来到香港访问。他们刚到香港的第二天，就去看望杨善深。

关山月（1912—2000），原名关泽霈，1912 年生于广东阳江。著名国画家、

教育家。岭南画派代表人物。曾拜师岭南画派奠基人高剑父。

杨善深与关山月之间感情深厚，相知相勉。杨善深的回忆一下子拉回到了1949年。

逃难到香港的关山月，在香港评论家黄蒙田的安排帮助下暂在香港文艺家协会居住。香港文协在九龙砵仑街一栋小楼的四楼，只有一厅三房，房间已给作家于逢、张毕来和版画家张漾兮住了，关山月只好在客厅睡地板。

几个月后的一天，关山月闷闷不乐地来到杨善深家里。

"你怎么了？这个神情。"杨善深疑惑地问，心里充满了不解。

原来，不久前关山月收到一封寄自美国纽约的信和一张四百美元的汇单。今天，他本来是打算先到轩尼诗道邮局寄信，再到附近的渣打银行领款的。

可是当他拨开人群快步钻进熙熙攘攘的邮政局，匆匆把信寄了挂号，出了门口拿手往口袋一摸时，发现钱包不翼而飞，四百美元不见了。

听到这样的事情，杨善深除了愤怒外，更多的是担忧：四百美元不算多，可对于陷于生活困境的关山月也不算少了。它可以解燃眉之急，它可使生活停滞的小船又扯起帆。这四百美元凝结着老朋友的多少情谊啊！

他沉静地思考着。突然，他想到了自己的父亲杨凤书，他是老香港，而且一直从事钱庄工作，对如何处理这类失窃案件甚有经验，或许他有办法。

杨善深期待地把视线投向一旁的父亲。两父子就是这样用眼神交流着，杨凤书心领神会地问关山月："你记得汇单的号码吗？"

关山月点了点头："记得。"

杨凤书眼睛一亮，淡定地说："这事不怕。你即刻把号码写给我，我来帮你解决这个难题。"他拿了汇单号码立即到警察局报了案，警察局马上通知了银行。

第二天小偷拿着那张汇单到银行时，一下子就被抓住了。

汇单终于失而复得！杨善深比关山月还激动，这种发自内心的激动自然地传达出他对好友的真挚与热情。[1]

香港的气候宜人，灿烂的阳光含笑地普照大地。宽阔的林荫道上树木已一片葱茏。

好友的突然造访，让杨善深又惊又喜。他的心情好极了，动作轻松。

为了欢聚，为了谈心，杨善深与赵少昂特地设宴招待好友。心思缜密的他决定把筵席设在九龙太子道附近的庆相逢酒家。

选择庆相逢酒家，杨善深就是看中了这个名字。"庆相逢"三字，跟他和关山月这几位师兄弟此时此刻的心情是那么的贴切！

"正是江南好风景，落花时节又逢君。"好友相逢，是何等高兴、激动的事情。三十多年来，师兄弟近在咫尺却对面不相逢。三十多年来风风雨雨，当年故旧至今余几？三十多年来大家经历过多少坎坷艰辛，阅尽几许沧桑幻变？今日故人无恙，能够重逢，很值得珍惜，值得纪念，值得庆祝！

这个欢悦的时刻，大家仿佛要把整个房子都挤满了：余本夫妇和新华社香港分社宣传部部长杨奇，高剑父夫人翁芝和她的儿子高励节，以及赵少昂、杨善深夫妇和关山月、黎雄才夫妇……

赵、杨、关、黎四人本是同学，老同学阔别重逢，喜悦、忆旧、感伤，举杯庆祝之后，赵少昂说：

"1948年，我、善深、关山月与高师、陈树人师伯及黎葛民在广州举行六人

[1]　该段资料来源于：关振东著：《情满关山·关山月传》，中国文联出版公司，1990年。

1987年，杨善深(左一)、黎雄才(左二)、赵少昂（左三）、关山月在合作画前留影

画展的事情，到现在还历历在目。当时我们六个人开合作画展，观众是津津乐道，赞叹不已！可世事沧桑，不觉已三十多年了。"

关山月也感慨地说："是呀！三十多年了！当时我们六个人还合影过一张相片。可惜我那张已在'文化大革命'中给抄家抄走了，连个唯一的纪念品也没有了！"说完，流露出一股哀伤之情。

"不要紧，我的那张还保存得很好。"杨善深说，"等明天我即刻翻拍一张给你带回去。"

看着好友伤感的神色，杨善深贴心的话语，悄悄地安抚着好友失落的心灵。

"当时是经过八年抗战，陈树人师伯难得回到广州，大家又聚在一起，好不高兴。可是展览过后不久陈师伯谢世了，再过了三年高老师又走了，最近黎葛民也病故了。而今只剩下我、善深和你三个人了！"赵少昂接着说道。

提起高剑父老师，关山月不禁黯然，喃喃道："高师逝世的时候我们连个花圈也送不成，心里很不安。"

听着大家的话，杨善深心中也是思绪万千，他想：高剑父从此静静地躺在地球的某一角，但他不会被大家遗忘，永远都不会。他深情地怀念着远在另一方的高师，高师那一颗艺术家的善良的心。高剑父不仅是位优秀的画家，而且有着极其高尚的爱心。

赵少昂呷了一口酒，瞄了一眼关山月，又瞥了一眼杨善深。这一瞥，仿佛能一下子射进杨善深的心底，掏空他所有的想法：如果怀念，只有从艺术中去寻求安慰，埋头作画……

"哎，我们何不重整旗鼓，搞个三人合作画展？"赵少昂突然提高嗓音说。

"好呀！"杨善深精神一振。赵少昂的话，真是说到杨善深的心坎上了。他扶了扶深度近视眼镜，接着说，"如果搞得成，不但在香港展出，还可以到新加坡、

1992 年，关山月（左一）、黎雄才（左二）、赵少昂（左三）、杨善深欢聚在香港

到美国去展出。"

向好友们投去了深情的一瞥，杨善深便像三十多年前要开六人联合画展的时候一样，满腔激情，眼里只剩下艺术。

"1948 年我们举行六人画展时，黎雄才还在西北未回来，所以没有参加。今天如果再搞合作，应该请雄才加入。"关山月思考片刻后，提出了一个建议。

"好呀！就是我们四个了。"赵少昂异常兴奋，仿佛临战般果断地说，"现在就动手，趁你们留港期间完成它。"

关山月似乎一愣，他低头寻思了一会儿，然后一板一眼地说了自己的意见："我们在香港逗留的时间有限，这样匆匆忙忙赶出来的东西质量未必有保证。合作展除非不办，要办就一定要办好它。"他的话，说到关键点上去了。

杨善深皱起眉头，焦虑地踱来踱去，像跟脚下的土地生气似的，重重地踩着步子。

"可是你们一走，什么时候才能再过来？"赵少昂皱了眉头，似乎甚担心这事情办不成。

"这样吧，"关山月胸有成竹地对赵少昂说，"先在这里画一批。我们回去后，可以采取这样的办法，或者由你和善深画了，留下空位，将画寄回广州由我和雄才补足；或者相反，由我和雄才画了，再寄给你和善深补完。你看这样行不行？"

杨善深马上接过话头，干脆地说："行！看来只好走这一步棋了。只是寄来寄去，太麻烦了。""不麻烦。"这时杨奇这位热心人挺身而出了，"这事包在我身上，你们两边无论哪两位画好了都可以先寄给我，再由我送到对方手上，确保万无一失。"

问题迎刃而解了，事情就这样定了，奇特的合作就这样开始了。

时光穿梭，那永远奔腾不息的河流、那脉脉含情的花儿、长短不齐的蓝的紫

风雨千秋石上松（合作画）
赵少昂、黎雄才、关山月、杨善深
1986 年
91 cm×48 cm

1992 年 11 月 26 日，关山月（右五）、杨善深（右四）等合影

的鹅黄的和粉绿的野草……像一块不规则的地毯铺在纸上，完美地构成了一幅幅极致的佳作。四人合作的画稿，透露出一种优雅、清新、欢悦交融在一起的光芒，同时尽现各人的艺术境界，可谓引人入胜。

人生得知己

功夫不负有心人！ 1983 年 3 月 12 日，"杨善深、关山月、赵少昂、黎雄才合作画展"终于在香港大学冯平山博物馆揭幕了。

开幕式十分隆重、热闹。香港文化界的名流，受过岭南画派熏陶的青年、学生、台湾的画友，还有新加坡、泰国、美国的美术家都来了，真是极一时之盛。

评论家们惊呼："奇迹！这是当代岭南画派大师们创造的一个奇迹！"

"一气呵成，如出一手。"

"浑然一体，天衣无缝。"

"和谐完美，妙不可言。"

"美的四重奏。"

……

杨善深激动地看着三年来四人陆陆续续合作的作品，竟画了 100 幅。现在集中挂出来，颇有规模。每作一幅画，四人事前都曾商量过，没有一幅雷同。

这些展品除了十多幅是四位师兄弟凑在一起画成的之外，其余八十多幅都是用辗转传递合作的办法完成的。每幅传到杨善深手上时，往往只有一山一水或一木一石，尚未窥全貌。

当时杨善深很是担心，倘若配合不好，难免会在内容、构图方面出现不和谐、不统一乃至凿枘的现象，比如中心不突出，画面松散，内容不和谐，缺乏呼应，情调不统一，造不成境等等。

每次作画时，杨善深认真思考，慎重下笔，将客观事物与情感完美结合，形成一幅和谐的画面。

可现在看来，他这种顾虑完全是多余的，师兄弟都能从全局出发，彼此揣摩，互相配合，默契精神出乎意料——

如《四君子》，赵少昂立了一块翠石，关山月就在石旁画上冬梅寒雀，杨善深添了苍松，黎雄才就在松梅之间补上几竿墨竹，后赵少昂还在画右旁空白处题了一首寓意深长的五绝："翠竹立弗朽，松竹梅为友。共葆不凋心，寿与天地久。"情调一致，构图完整，仿佛事先商量好似的。

又如《野渡》，黎雄才先在立轴上端用浓墨画了悬崖古松，赵少昂在悬崖旁边用淡墨添了远山，杨善深在画右下角立了一石，关山月在石头左边补了一叶待渡扁舟，石头后画了两只停泊于沙滩的小艇，这样"野渡"的意境就出来了。

……

总之，他们在合作时，为了艺术的完整，不但考虑到何者为主，何者为宾，何处当繁，何处当简，而且对画的虚实、疏密、浓淡、干湿都很讲究！真正是"心照神交，珠联璧合，互相映衬，相得益彰"。

有些评论家说他们是"心有灵犀一点通"，允称公论，合作展通过新闻媒介很快就在海外传开了，关心中国艺术的海外人士奔走相告，许多国家及地区如伦敦、三藩市、新加坡、吉隆坡……都派人到香港联系，要求把画展搬到他们那里去展出。新加坡捷足先登，在香港展览结束后，美术评论家刘奇俊就拿过去了，由新加坡国家博物馆主办，接着美国三藩市也要去了，在三藩市中华文化中心展出。

这样辗转巡回，要求展出的地方越来越多，杨善深就担心越去越远回不来，提议先满足国内要求，然后再到国外去。

于是 1986 年年底回到香港，师兄弟四人又合作画了 20 幅画，并补了一些书法作品，凑足了 130 幅，于 1987 年 2 月 12 日即农历元宵节在广州市的广东画院展出。翌年到北京中国美术馆展出，中国美术家协会主席吴作人对岭南四大家的这批合作画甚为欣赏，为画展写了题词，曰："'岭南四家'，荟萃一堂，叹为观止！"

岭南美术出版社还应观众和读者的要求，把岭南画派当代四大家的合作画选编出版了一本大型画册——《合作画选》，向全世界发行。

结伴万里传艺

1984 年的一天，杨善深收到一封漂洋过海、几经辗转才来到中国的信：美国贝勒大学、哈佛大学、纽约州立大学和柏克莱大学邀请他到那里讲学。

这封信，让杨善深既惊讶又感荣幸。在他的脸上因极度兴奋而泛起了红晕。他自然是答允了。

最让他高兴的事情还在后面。原来，好朋友关山月也收到了同样的邀请。这就意味着，他将再次与关山月这位老朋友联手，千里传艺欧美。

10 月 6 日，杨善深轻装上阵，和关山月夫妇、自己的学生刘伟雄，一行四人从香港出发，直飞洛杉矶。

飞机穿过厚厚的云层，在隆隆的机声中，香港远远地被抛在后面。杨善深觉得心上一阵轻松，长长地吁了一口气。心中一直蠢蠢欲动的喜悦与自豪，好像随着飞机轻划过云雾的痕迹，袅袅地飘散在漫长的旅途中。

杨善深自豪而幸福的感情油然而生。他从机舱往下望，哦，太平洋已经在脚下！那是一望无际波光粼粼的万顷碧波，它的波涛永不间断地拍打着美洲、印度和中国的海岸。

瓜圃小雏（合作画）
赵少昂、黎雄才、关山月、杨善深
1986 年
105.5 cm×52.5 cm

20世纪90年代,关山月(左一)、杨善深（左二）等出席书画展

　　这时，坐在旁边的关山月也激动地说："我们已经到了太平洋上空。你瞧，在高空俯瞰海洋，水的颜色变化多端。"

　　杨善深保持一贯的安静，矜持地淡淡一笑，说："这回你要观海，有的是，西海岸、东海岸、太平洋、大西洋、墨西哥湾，风景可美哪。"

　　"我们到洛杉矶不知是白天还是夜晚。"关山月的太太李秋璜插嘴说。

　　关山月看着表算了一下："应该是深夜，中国和美国的时差是十三小时。"

　　"在美国，十一二点钟并不算深夜，正热闹着呢！"杨善深笑着说。

　　飞机降落在洛杉矶机场果然已是深夜，可空港灯火通明，如同白昼。这毫无疑问和杨善深说的吻合了。一个不夜城市，正展示它最大的热情来迎接中国来的客人。

　　"欢迎！欢迎！"

　　"旅途辛苦了！"

　　杨善深四人刚走出出口通道，就看到了两个熟悉的身影：身材修长、风度翩翩的林文杰教授和魁梧伟岸、西装革履的李时佑先生。他们一早就等候在机场了。

　　"不累，倒是你们奔波了！"杨善深心存感激。到异国，第一时间看到熟悉的朋友的身影，是令人十分激动的事情。

　　杨善深、关山月夫妇及刘伟雄的欧美之行就从这里正式开始了。

　　李时佑先生是杨善深的老朋友了，他在洛杉矶有商店。他是个企业家，同时又是书画收藏家，收藏了许多高剑父的作品。

　　尽管行程紧张，但高师熟悉的身影，不断涌入杨善深的脑海。他决定先到李时佑先生家里，异国观看高师的作品。

　　于是，《南国诗人》《松风水月》《世尊》《喜马拉雅山》等高师最喜欢，世人公认的名作再一次呈现在杨善深的眼前……

杨善深与夫人合照

10月12日，林文杰教授热情地充当四人的导游。在他的精心安排下，四人先到著名的赌城拉斯维加斯，从那里乘上只有11个座位的小飞机到大峡谷去。

他们先在大峡谷上空盘旋，俯瞰大峡谷全景，然后着陆改坐汽车游览了那里的断崖、幽谷、怪石、奇岩——亿万年前因地壳运动造成的奇特地貌。

从拉斯维加斯乘机到美国南部的休斯敦，就住在林文杰教授家里。这是一座两层洋楼别墅，里面装修得非常豪华而又雅致。他家里最有特色的是紧挨着客厅的屋边的兰苑。那是个玻璃房子，有百来平方米，里面种的全是兰花，足足有4000多盆，或吊在半空中，或摆在花架上，井然有序。兰花性喜阴凉潮湿，所以玻璃房子有恒温设备和喷水机械，种兰花也现代化了。

林文杰对兰花甚有研究，他一边领着杨善深等人穿行于兰花丛间，一边给他们介绍各种兰花的名称、产地、特性和品种，多数是洋兰，也有中国兰，全是名种，他能够一一念出它们的名字。10月20日，美国国际电视台得悉杨善深、关山月住在林文杰家，赶来报道，就在兰苑里拍了他们作画的示范录像，合作的是《松鹤延年》。

杨善深等人除了游览新旧市区，还特别参观了约翰逊宇航中心。还没进门，杨善深就看到了架在高处的几支巨大的载运火箭，甚是壮观。中心的大门是敞开的，任由参观者自由出入。其中有一个大厅正在放映介绍宇航事业的纪录片，美国宇航事业的发展过程，发射卫星以及登月情况都再现于屏幕上。这些一下子就镇住了杨善深，知识的力量太强大了！

10月17日，在休斯敦，杨善深与关山月原计划是应贝勒大学之邀到该校讲学的。但是，德州大学知道了他们两人讲课的消息也提出讲学的要求。后来，两所大学经过协商，决定联合起来，讲课的地点改在德州大学。

杨善深等人的异国授课，在异国的天空中降下一场中国艺术之雨，浇灌进每个人的心田……

杨善深在家中

还没有来得及细细品味这震撼人心的休斯敦，杨善深等人来到老朋友周千秋家中。这是一个纯粹的艺术家庭：周千秋是赵少昂的弟子，他的夫人梁灿缨则是关山月的学生，他们在美国最南部的迈阿密开了一间艺术学校授徒。周千秋夫妇见他们万里来探访，非常激动，像亲人一样款待他们。

10 月 24 日，杨善深一行四人与林文杰教授来到了华盛顿，并巧遇"凡·高作品展览"在大都会博物馆举行。可遗憾的是，等杨善深一行赶到博物馆时，每张四美元的进场券早已售完。

不过，奇迹无处不在。

"关老师！"正当杨善深一行人准备失望而回的时候，突然听到一个熟悉的中国人声音。

说话的是关山月的老朋友油画家余本的学生周多。更巧的是，周多原来是大都会博物馆的退休职员，他三下五除二就解决了杨善深等人的问题。"这事易办！"领着他们几人从后门进去了。

这次的展览真是一场艺术的盛宴：在博物馆里除了展出凡·高的作品，还有罗丹的原作以及中国的许多古画，都是些难得一见的作品，杨善深他们不枉此行了。

到美国，肯定不能不去纽约市。10 月 29 日，坐上华盛顿到纽约的飞机，杨善深一行人很快就来到了纽约。

杨善深有很多朋友和学生都在纽约市，其中有一位传奇式学生，蔡楚夫。他在纽约买了一栋新房子，并正在这里举行个人画展。杨善深等人就住在他家里了。

蔡楚夫在国内曾就读于广州美术学院附中，毕业后遇上了"文革"，在"文革"中受尽了百般迫害，他熬不下去便带着新婚的妻子逃跑。逃了几次最后才逃到香港，由黎葛民介绍到师弟杨善深处继续学画，后来转到美国。

杨善深环顾蔡楚夫的新楼房，厅堂大到可举办三四十人的酒会，可见他手头的宽裕。他经历了那么多的艰难困苦之后，在这里开始了他幸福的生活。

看到这一切，欣慰之情在杨善深心头浮动起来。

这次听说杨善深老师来纽约，蔡楚夫专门买了一辆新汽车接待老师。可他自己没有驾驶证，便打电话给波士顿的画友、杨善深的另外一位学生曾志鎏，叫他来帮忙。

听到杨善深到来的消息，这位久别恩师的学生二话没说便向任职的公司请了一个月假，从波士顿飞来纽约，只是为了能天天载着杨善深他们去游览。

学生们那么敬重杨善深，在杨善深心里，那是何等的骄傲啊！

蔡楚夫的画展在苏豪区，这里只有名家的作品才能展出。

在纽约这个地方，高耸入云的大楼、五光十色的店铺、灯红酒绿的舞厅和酒吧……把这个不夜城点缀得花花绿绿。在这个繁华的城市里，蔡楚夫作品的展出是中国画坛的光彩。"真是好样的！"杨善深不禁想。

可杨善深与关山月等人来到蔡楚夫的作品展厅，却发现只有六张画在展览。这与杨善深所想，很不同。

"美国的个人画展跟中国不同，中国的画家一生只举行一两次，每次都将自己以前画的东西和盘托出，好像数量越多越显得有分量；美国的画家甚少这样做，他们只展出新作。"

"这里展出的这几幅画，全是最近完成的。请杨老师、关先生批评指点。"

看出杨善深老师诧异的神色，蔡楚夫用平静的语气解释道。

了解事由后，杨善深认真观看了那六幅作品。

杨善深此行，最主要的任务还是讲学。

白鹭 年代不详 137 cm×35 cm

11 月 5 日至 6 日，杨善深、关山月在纽约州立大学做了精彩的演讲。

在波士顿的哈佛大学，听着杨善深、关山月独到的演讲，哈佛大学的学生们热情高涨。

"请杨老师与关老师现场作画……"

面对这样好学的异国学生，两人自然是没有拒绝，当场表演，即席合作画了一幅松梅图，把中国画笔墨驰骋的表现力充分地表露出来。两人高超的画技赢得了全场一阵阵热烈的掌声。学生们一窝蜂围观起来，同时很多学生跑过来与他们握手、攀谈。

在加州大学柏克莱分校的讲座由收藏家高居翰教授主持。他是东方部主任，只喜欢任伯年一派的画，瞧不起岭南画派，一开始很是傲气。

高教授的神色自然是逃不过杨善深善于观察的眼睛，他心中暗想，一定要好好讲，把这位骄傲的朋友征服。

各位先生、各位艺术界朋友：

本人今天被邀请到贵学府，同大家聚会，作中美文化交流，本人觉得非常荣幸。而且承蒙陆教授为本人翻译，十分感谢！同时，还要感谢林文杰教授，安排这次有意义的活动！此次来美国曾到华盛顿、纽约、波士顿等博物馆，参观名作甚多。真令人叹为观止，本人得益匪浅。

我们岭南画派，从居巢、居廉算起，已有百年历史。到了高剑父、高奇峰、陈树人三者之后，继承传统，发扬光大，创出岭南画派。本人与关山月先生是岭南画派第二代，亦是同师自高老师，但我与关山月先生二人的艺术风格，与老师的风格全然不同。其实艺术就应该如是。

岭南画派有三大特点：一是用笔，二是用色，三是构图，而最为显著的是"用笔"。所谓中锋、偏锋、侧锋，是有其规律的，凡写到某一部分，需要用中锋则中锋，需要用偏锋则偏锋，需要用侧锋就用侧锋……（刘伟雄辑）[1]

杨善深讲起绘画，总是神采飞扬。他的这堂《画兽一得》的讲课，赢得了很高评价。而听完杨善深、关山月两人精辟、绝妙的演讲后，高居翰教授一改前态，变得恭敬起来。

杨善深与关山月两位老朋友不远万里到美国讲学的效果非常好。杨善深知道，既然骑上艺术的虎背，那就意味着要勇往直前！

这堂精彩的讲课寄托了杨善深深沉的情感与宏大的理想，他的人格修养以及对艺术精神所呈现的不同的境界。他精辟的演讲，把中国博大精深的艺术观念永远流传在美国。

---

[1] 引自张素娥著：《杨善深传》，岭南美术出版社，2007年。此讲话为刘伟雄辑。

五 / 徒满天下

古人学者必有师，师者，所以传道授业解惑也。
杨善深的生活或许就是填满空的，
或者掏空满的。

不管身在何处，他都乐于传道授业，
乐于为中国艺术"补钙"：
勤奋聪明的容绳祖，
"三跪九叩"拜师学艺的梁照堂，
勤奋好学的高励节，
国宝红线女……

这些画界的新鲜血液，
跟随杨善深的脚步，
向中国画坛奋勇前进。

勤奋聪明的容绳祖

容绳祖，中山三乡区乌石乡人。自幼学习书画，1981年拜香港岭南著名书画家杨善深为师，攻山水花鸟、动物，后修读香港大学校外部书法及篆刻课程，香港中文大学校外部毛笔使用课程。作品多次在香港大会堂及北京中国美术馆展出。篆书作品1985年入选河南省郑州国际书法展览，曾送日本展出。现任香港龙源画苑美术导师、春风画会理事、甲子书学会执行委员。

杨善深（左）与容绳祖

杨善深学生容绳祖

1970年，以杨善深画室"春风草堂"命名的"春风画会"，活跃于画坛。春风画会设在香港九龙窝打老道山道一座二十层高的豪华公寓里，画室设在最顶楼，室外种有各种植物。

杨善深强调学生学画不要老盯着老师，不囿于一人一派，所谓"学我者生，似我者死"。他要求学生独辟蹊径，开创自己的空间。

他招学生不分年纪、身份，有教无类。凡是来学习的学生，杨善深都很热情，认真去教。学生只要来到他家里，说想画画，他就会教。

杨善深每周三、周六都会在春风画会上课，用心教导绘画爱好者。看到学生们勤奋好学，杨善深总有无限的感触：好好播种，好好浇灌，把艺术的苗子培养好！

教育学生，杨善深很讲究方法，喜欢因材施教：每天他很早就来到春风画会，哪个学生先到，就教哪个学生。学生想学什么，他就示范画什么。他会当场画给学生看，一边画，一边说。学生一个接着一个教。有时间，又有兴趣的学生，可以一整天都在那里看他示范。

看着学生一点一点进步，杨善深深感安慰。而在香港中文大学做管理工作、骨子里对书画十分热爱的容绳祖就是杨善深这些春风画会得意学生的其中一名。

"跟大师学艺，是我的福分。"

"杨善深老师永远都是一个谜，每一次去了解，都能发现新的他。"

"在香港，我跟在杨老师身边二十几年，每天早上6点我就到老师家里，然后和他一起去爬山。爬完山回来，老师就会画画。然后中午吃完饭，我就会回家做自己的事情。"

"我很了解杨老师的一切。但杨老师永远都是一个谜，留给大家去研究。"

1997年，杨善深（右）与容绳祖到武当山写生

说起杨善深老师，画家容绳祖脸上的表情总是特别的丰富。

从小就爱好画画的容绳祖跟随父亲移居香港以后，特别留意关于画坛的事情。当时香港很多报纸、杂志都发表了关于杨老师的文章。

1979年的一天，容绳祖像往常一样，随手拿起一份报纸。突然，他的目光在一则消息上停住了。原来，那是一则关于杨善深老师的文章。杨善深是一个很全面的画家，样样都能画得很好。山水人物、书法都写得很好，很有个性，很完美……因此容绳祖对杨老师很仰慕。

这天以后，杨善深的春风画会教室里多了一名学生。

"可以！你以前画过画吗？"对于上门求学的人，杨善深总是很热情。

容绳祖用手抓抓头发，有点不好意思地说："杨老师，我从小就很喜欢画画，学过画画和书法。"

"那你从最基础的画起吧，先画梅兰菊竹。"杨善深对于这种学过画的学生，循循引导，希望学生能摒弃过往，从零开始归入自己的门下。

极富耐心的杨善深意味深长地说："跟我学画，要先从写实开始，不可急躁。等学习到一段时间，我再教双钩笔法、染色、没骨等，循序渐进。这是一个遵循先观气韵，次观笔意、骨法、位置、敷染，然后神似的次序。希望你能够领悟！"

不知道容绳祖的基础如何，杨善深一开始还不敢大手笔地指导：他按照以往的做法，先自己示范画了一幅梅兰菊竹，然后让容绳祖也画一幅。

很快，容绳祖也画了一幅梅兰菊竹。

仔细观看了一番容绳祖的画后，杨善深开始发话了：

"你画的花朵不行，笔法和构图都不对。"

"你的画是东一笔、西一笔，太分散，没有整体感觉。特别是在画上摆放小鸟，你每个角落都画有小鸟，根本就处理不好整个构图的问题。"

"虽然是简单的梅兰菊竹，但是要有合理的散与整体。"

认真严格的杨善深，讲出了画中的不足，他告诫学生，"写（绘）画本身并不难，其实构图为最难。构图在中国画方法上称之为'经营位置'，占位举足轻重。"

听了杨善深别有深意的一番话后，聪明好学的容绳祖恍然大悟，印象深刻。他很快就发现了自己以前学画，都是半桶水的功夫，和杨善深教授的方法有天壤之别。他决定抛弃自己所有的技法，从零开始进入杨老师的门下，学习画画。

从此以后，每周二，容绳祖都会早早地来到春风画会，跟杨善深学习。他慢慢摸索，逐渐改变自己的笔法与思维，经常拿新画给杨善深看、指导。

但是杨善深做了一个让学生很费解的举动。每次容绳祖拿新的画给杨善深，"要多画，再多画几幅给我看看。"杨善深都说这同样的一句话。

杨善深自有一番打算：对这么喜欢画画，希望学画的学生要多鼓励。根据自己的经验，必须要多画、多练，让手、脑与笔融为一体。所谓熟能生巧，就是这个道理了。

听完杨善深的话，容绳祖很不明白。虽然是不解，但他总是压住心中的疑惑，认真按照老师的指导去做。

他的坚持，加上"摒弃以往，从零开始"的举动，引起了杨善深的高度注意：这个学生很有慧根，好好引导，将来会有一番作为。

当然，这只能在心里想，杨善深从来不会表扬学生，却很容易批评人。古者传道授业，不批评就是最大的表扬！

成长中的容绳祖天天画，画得多了，手中的笔越来越顺利，构图思维也越来越流畅，他明显觉得自己的画技有进步了。

　　20 多年过去，受益于杨善深的因材施教，容绳祖在画坛也颇有一番作为。他领会了岭南画派的真髓。在折衷中西、注重写生和用色这几方面，在岭南画派的基础上表现出自己的特点。他的线条运用成熟老到，不论是细致的工笔还是半工写，都能交代清楚复杂的结构变化，线面关系。如《波斯菊》所表现的驾驭线条和写生的功力，菊花下面的两只草虫造型准确，栩栩如生。即使是双钩、白描不上色，也显功力。他早几年画的《猫头鹰》，为岭南画派纪念馆收藏。这是后话了。

　　当时在杨善深这里学画的人累计大概有 200 多名学生，但能始终如一地坚持下来的只有几人，而最终踏入杨善深居所春风草堂随侍左右，成为入室弟子的，容绳祖是唯一一个。杨善深待这个在身边 20 多年的容绳祖情同父子，用情甚深。

　　容绳祖特别的待遇，也体现出了杨善深特别的感受。

　　有一次杨善深带着容绳祖等十来个学生一起去泰山写生。来到写生的地方，杨善深立马就拿出画笔，运动起来。他全神贯注，用淋漓的笔墨，描绘着眼前的美景。

　　看到杨善深即笔当场写生，学生们赶紧拿着画板跟着杨善深一起画。

　　但容绳祖却是不慌不忙，根本就没有动笔的打算。他像个小孩一样，蹲在杨善深旁边，专注地看着杨善深画。容绳祖的眼睛随着杨善深手中的笔而忽上忽下……

　　"杨老师，这里为什么和现实的景色不太一样？这不是写生稿吗？"容绳祖像发现了新大陆一样，疑惑地问。

　　杨善深停住手中的笔，笑着说："借物抒我情！"

　　杨善深心中想：这个学生，很聪明，和其他学生不一样。其他学生只会跟着我的步伐走，却从来不会想我为什么这样做。跟老师去写生，当然是要以看为主，观察老师怎样写，而不是跟着老师一笔一画地画。这样的学生才是优等生呢！

　　"写生，不仅仅是要画出现实的景物。有时候我看着某些事物，但是我画出来的不一定就是这个地方的事物，很多是加上了我自己的主观想法。"

　　"对着实物来画的，属比较呆的做法。我写生，要做到与物融为一体，借物抒我情。"

　　"例如有次我在泰山写生时，看到古庙旁边有棵松树。我知道松树的生长规律，所有关于松树的知识都在我的脑海里。然后再将画画出来，但是我画的松树，肯定不是我看到的那棵松树。我是通过观察见到的实物，用自己的笔法，把我当时所想的记录下来。我写生只是写主题。如我想写一座古庙，我会先把古庙写在纸上，然后其他的事物都是省略了，然后将那个地方的故事长篇大论写一遍。"

　　杨善深向容绳祖解说了自己独到的写生技巧。他的声音低而清晰，很理智。显然这个聪明、好学的学生，在杨善深心中的分量越来越重了。

　　此后，杨善深带着容绳祖到处写生，足迹遍布美国、加拿大和非洲，以及大陆福建的漳州、厦门等沿海地区及台湾。他的用意既含蓄又明显：行万里路，增加阅历，拓宽视野，一路写生，为今日创作贮存了大量素材。

　　杨善深特事特办，使容绳祖思路一路开阔。他铭记杨善深的教导，知道要做一个真正的画家，需要有真才实学。他认真学习，在飞禽、走兽、游鱼、竹石、草虫、花草上，兼工带写，形象生动，创造的意境清新，深富个性：他画水边悠闲的白鹭、月夜中依偎的鸳鸯、枯枝上稳健的老鹰……都带着大自然的天趣和画家深情的诉说。

　　像这么"优待"学生，杨善深是经常做的，因为他要让学生的学习成就螺旋式上升。据容绳祖回忆，他亲眼见到过一个例子：

　　"杨老师，这是我最新的写生稿，您看看哪幅写得比较好？"杨善深有个学生很喜欢写生。他每次写生就觉得自己写得很好，每次都拿30张写生稿给老师看。

杨善深拿着学生的稿子，很认真地看一次，然后在 30 张稿子中挑出一张，说："这张不错。"

这位学生十几次旅行，都是这样把写生稿给杨老师挑选写得比较好的一幅。

当这些比较好的画累积到 30 张以后，他再次把这些画拿给杨善深："老师，我最近在整理画稿，您帮我看看这几十张写生稿哪张比较好。"

这些都是学生以前的画稿，而且都让杨善深讲评过的。但杨善深二话不说，还是认真地看了一轮，然后只挑出一张，说："只有这张比较好。"

这就是杨善深独特的教育方法。他永远对每一张画都不满意，只能是挑相对来说比较好的画。他用心良苦，希望学生能够永不满足，养成终生学习的好习惯。

杨善深在教育上还有个特别的地方：如果学生拿画看，并说画得不错，杨老师就会说"是"。既然学生自己都已经觉得满意了，他不会再说什么。

20 世纪 80 年代末，杨善深要移民加拿大，但是香港这边有太多他放不下的东西。这里的一切，让他有种苍凉悲戚之感。有一段时间，忧虑总贴在他身上，仿佛是一枚总也揭不下的标签。

因为妻子刘兰芳要移民加拿大，杨善深虽然有很多的不舍，也就先移民过去了。但是，每年他都有大半的时间逗留在香港。刘兰芳接受过高等教育，有着不一般的气质与素养。

在杨善深的心中，最踏实的家，还是在香港。从移民开始，他心中就有个想法：要找一个合适的人，来帮助他打理香港这边的事物。

可是，对于一向要求严格的杨善深来说，"宁方勿圆，宁拙勿巧，宁脏勿净"，寻找这样一个人，有难度。他默默地在众多学生当中，物色这样的人选。

日子一天天过去了……

"杨老师，我最近新画了一幅画，您帮我看看，题个字吧。"一天，容绳祖小心翼翼地拿着自己的作品来到杨老师身边。

"你自己写就行了，你的字写得很好。"杨善深一如既往地说。话刚说完，他突然开始打量起这位得意门生。

容绳祖在移居香港以前，学过古文、古诗词，因此在书法这方面颇有见地。

"这些年，我每次写书法，不管是大幅还是小幅，写得都是刚刚好的。这多亏他在背后为我计算。不管我要写的这篇文章一共有多少字，每个字要写多大，每一行要写多少个字，要写多少行等，他都能计算清楚。事先知道每行能写多少个字，让我下笔如有神助，有很多书法都是我一气呵成的。"

"我的书法、题画都是用古语，很少用现代的词语。要帮我做助手，必须要懂得中国古诗词才行。比如我写的一幅长卷书法，20米，中间没有接驳过纸张，内容是写《石头记》里面的文章。容绳祖很快就帮我计算好了，让我一气呵成，写得很流畅。等我写完，他心领神会地在我想好的地方盖上我的私章。"

"写对联，他磨墨牵纸；我画画，他站在旁边观摩，画好后，图章盖在什么位置，这个学生总是心领神会，配合默契……"

这些年，杨善深坚持不帮学生的作品题字，是认为学画也是和学科学一样，必须不畏艰辛、循序渐进和刻苦钻研，没有捷径可循。这就是杨善深一贯的理念。在他心里，教育学生就是要使学绘画的学生能健康地步入艺术的坦途。

不过，他身边这位聪明的学生容绳祖，有着别样的方法让他题字。

一天，几个专门收藏杨善深的画的收藏家来找杨善深，有意无意地拿出几幅小鸟的画，说："我买了几幅容绳祖的画，你帮我题几个字吧。"

爱生如子的杨善深听到他们买了自己学生的画，很高兴，立马就题字了。

杨善深游泳照

原来，容绳祖换了一种婉转的方式。他找到收藏家，对他们说："我画了几幅，下次你找老师的时候，顺便帮我把几幅画拿给他题字。"

见到师徒玩这样有趣的文字游戏，收藏家们也很爽快就答应了。

容绳祖办事稳妥、认真，还有点小聪明……这不正是杨善深要寻找的人吗？他忽然开朗地站起来，一直郁闷的心情开始消失，一种心旷神怡的感觉充满了他的全身。

1992年的一天，年逾古稀的杨善深对容绳祖说："你不如辞了工，过来帮我打理一些事务，也可就近学画。"

厚重的期待静静地显现在杨善深和蔼的脸上！从此，在香港宝珊道宝城大厦18楼的一个宽阔的画室里，杨善深多了一位得力的助手。

早晨6点，容绳祖会准时出现在杨善深的眼前，师徒出去太平山步行两个小时，几乎风雨不改。

杨善深会在散步时讲画，讲植物形态，讲构图：风中树枝摇曳，阳光下树叶光色变幻，树枝交叉……

在杨善深的指导下，学生容绳祖也细致观察，反复揣摩，画技日益长进。很多时候，他上午在杨善深处听了教诲，下午回到自己住处，细细琢磨，像牛反刍，认真尝试笔墨，忙上一夜，第二天一早带了过去，向杨善深交作业。

杨善深要求很高，他会细细讲评，有时重新示范一遍。他做学问严格又严肃，但了解他的人都知道他人品艺品双馨，很慈祥。这和他的名字一样，心地善而学问深。

太平山上美丽的景色永远像神奇的手指；那满山树木绽出新芽，阳光欢快地在树梢上闪烁、浮动……这就是一个艺术家在生活中得到的启发！

梁照堂

"三跪九叩"拜师学艺的梁照堂

梁照堂（石梁），字天岳，号楚庭。汉族。1946年生，广东顺德人，著名国画家、书法金石家、美术理论家、国家一级美术师、教授。擅行草，擅作巨幅草书，亦书大爨碑体及篆籀、甲骨等。国画以墨鸽与金石大写意花鸟为著，兼写人物。诗、书、画、印皆追"老、重、拙、大"，风格古厚，凝朴苍辣。

2002年的一天，89岁的杨善深在加拿大家里接到了一个奇怪的电话。电话的另一头是一个女性的声音。

"杨老师，很冒昧打电话给您。"

"你是？"

"我是广州梁照堂的太太。是这样的，今年7月27日，照堂在广州艺术博物院准备举办一个'梁照堂国画书法展'，想邀请您出席。"

对方的声音有些颤抖，迟疑。细心的杨善深听得出她是有些不好意思。

"哦，是这样。"杨善深心中的疑惑很快就消除了，原来是梁照堂要举办画展了，"这是好事情，我肯定会到场的！"

杨善深爽快地答应了。

心善而学问深的杨善深，有着一颗善良的心。他放下电话后，心想：梁照堂不敢亲自打电话，肯定是因为我已经是89岁高龄，而且居住在加拿大。他能如此理解我，我肯定也要理解他。他的画展，我一定要出席。

坚定的信念，慢慢延续在杨善深思考着的脑海。梁照堂的每一次画展，他都会到场，而且一看就是几个小时。

日子过得很快，很快到了2002年的7月份。距离"梁照堂国画书法展"在广州艺术博物院举办的日子也越来越近了。

杨善深依时从加拿大飞回来了。广州的夏天，阳光炙热。杨老师专程到来，让梁照堂觉得蓬荜生辉，好生感动。

"梁照堂拜您为师，之前有没行过拜师礼啊？"在画展开幕前夕，《南方日报》的李钟声，看到杨善深竟然专程从加拿大赶回来，一时兴起，便幽默地调侃起来。

不苟言笑的杨善深心情大好，笑着说："现在都是新风气啦，不一定要行拜师礼的。"

李钟声不依不饶，坚持说："杨老师您是上一辈的人，梁照堂是后辈。学生拜师学艺，应该要按照你们老一辈的做法，这个拜师礼应该要有的！"

"可以啊，拜师礼应该要有的！"个子不高的梁照堂笑嘻嘻地说。他从小时候就有外号"小夫子""小老头"。不过浓缩的就是精华，他身体虽小，但在画坛的爆发力极大。

李钟声接着说："那就这么说定了，由我来见证这个神圣的时刻吧。"

就这样，在广州，梁照堂画展开幕前夕，梁照堂按照古人的做法，向杨善深行了"三跪九叩"的拜师礼。

在礼毕时，杨善深从长褂里掏出一个很大的利是封，说：

"梁照堂，这是给你的。是师父给弟子的见面礼，好兆头的！"

"难得我们有缘分成为师徒关系，要多点将中国画发扬光大，努力向前，将岭南画派的精神发扬开来。"

旧人旧事旧办。行了拜师礼，梁照堂就正式成为杨善深的弟子了。

杨善深相信已经颇有名气的梁照堂，会在他艺术的前路上披荆斩棘、勇创佳绩。"我的学生，都是好样的！"

恩师的殷切期待，使梁照堂从此以后的人生发生了具有历史意义的转折。一天，梁照堂到香港探望杨善深。

"老师，外面有好几位来客在等您，您看要不要……"

"我们先看完这段录像。"

原来，门口外面那些人都是早就和杨善深约好时间才来的。可是因为梁照堂来了，杨善深特别高兴，就放了和关山月、赵少昂、黎雄才四人合作的艺术录像给他看。

结果一看，杨善深就完全沉浸在当时的场景里面去了，把事先安排好的事情都抛在了一边。

梁照堂悄悄地瞄了一眼门外等候的人的神情——既惊讶又无奈，仿佛梁照堂是一位不谙世事的人。

这就是真诚的杨善深！他永远以最"真"的一面来和每一个人谈论艺术。

2004年，学生梁照堂专门采访了杨善深。当时杨善深正在作《双鸡图》。

"你看看这幅画，还要加点什么啊？"杨善深在准备收笔的时候，突然问一旁的梁照堂。

梁照堂受宠若惊地说："杨老师，您不用加什么了，都已经很好看了。"

"你看，我这里画的是鸡，很常见的动物。但是要画得好，在笔力上很重要。"

说起画画，杨善深的话语总是永不停歇。可让梁照堂没想到的是，这幅《双鸡图》会是杨善深的最后一幅画。

其实，在平时与梁照堂交谈时，杨善深也经常提到笔力的问题。笔力，是中国传统艺术中很重要的一个技巧。杨善深一直都很重视中国传统知识，这也是他的一个艺术特点。

有一次，杨善深与梁照堂说起李可染大师的儿子李行简。

"梁照堂，你知道吗，李行简居然移民到温哥华了。"

"有什么不妥吗？"

"北京是国学天堂啊！中国人就要搞好国画。我这辈子，一直想去北京发展都去不了。他倒好，从北京移民到温哥华了。"

原来是这样！难怪杨老师会叫七个儿女中唯一也从事国画艺术创作的杨天颐到北京去发展。梁照堂一下子明白了杨善深的用心。杨善深一直在向不朽的艺术进军。

"半路出家"的高励节

高励节这位侄子学生，杨善深是看着他长大的，对他自然也是特别关照。

第一次见面，高励节还是小孩。那时候，杨善深经常到他家里，与他的父亲高剑父一起品茗、谈论画技。

这个小高励节也在歪歪斜斜地走着他的道路。

1949 年，高励节中学毕业以后，就去了"国立台湾师范大学"读书，就读教育系。

高励节读完书回来以后，在香港当津贴小学校长。当时，因为香港政府的宿舍不够，学生又多，只能分上、下班来上课。这样一来，他每天就只需要上半天的课，然后有半天的时间是空闲的。

有一天，高励节突然跑到杨善深跟前，说："杨老师，我想跟您学画画。"

"你喜欢画画，喜欢跟我画，你就跟着我画。"杨善深马上说。

杨善深干脆的回答，并不是敷衍：从小看着高励节长大，知道他一直热爱画画；而且，因为他的父亲高剑父是国画大师，耳濡目染，他的基础不差。如果能够好好引导，他一定会有一番成绩。

就这样，高励节成了杨善深的学生。

杨善深在教高励节的时候，特别告诉他："你临摹我的画，或者其他人的画，千万不要临到十足。学我者死。"

因为中国古代名家众多，归根结底，到底哪位才是杨善深的老师？他认为自然才是他的老师。因此，他很注重写生。他也总要求学生要多去写生，细心观察

1997 年，杨善深与高励节到神农架写生

自然事物。

曾经，在峭壁千仞的黄山景区的某个石头边，出现一段这样的对话：

"高励节啊，你看看你脚下的草，有哪两条是一样的？"老师杨善深突然问。

"哦。"学生高励节疑惑地看了一下脚下的草：那是很普通的草。

"它们应该是没有哪两条是相同的。你细心观察一下，每一条叶子是从哪里长出来的、怎么长出来的。"杨善深的要求很简单，就是要学生细心观察自然界的东西。

杨善深总是妙语惊人。他很喜欢观察这些现实的东西，大自然就是他的老师。

这时，有只蜻蜓向杨善深迎面扑过来，杨善深又用布道人的腔调问："你怎么看待蜻蜓这个动物？"

高励节一下子又被问住了。

"你细心看一下，它的眼睛在哪里，它的肚子在哪里，飞动时尾巴是怎么摇动的……这些都是你以后画画的资本。"杨善深说。

杨善深看似不惊人的话语激发了高励节的艺术情感。他以无限生动的例子来教育学生：在活动的时候，就具体的实物，讲几句话，就能让学生悟出很深的道理来。

这段有趣的师生对话，原来是有一次杨善深带高励节等学生到黄山进行写生时发生的。在爬山时，走到累了，大家就在路上的石头处坐下。而即使是在休憩，善于发现的杨善深也能为学生们找到学习的源泉。

这样简单明了的教育，让学生很容易接受，并不觉得画画是一种难事。生活中就有很多临本，让人们去临摹。只要足够用心，就没有画不好的。

看到学生们恍然大悟的表情，杨善深很高兴。

跟杨善深学画一段时间后，高励节又提出了一个要求："杨老师，自古书画分不开。我想学下书法，我应该由哪里开始呢？"

看到这位"半路出家"的学生对中国艺术如此有热情，杨善深倍感欣慰。他深有体会地说，书法与绘画同理，用笔之法多有相同之点。

杨善深给了高励节几本帖子，《广武将军碑》等，让他临摹。

"你拿这几本字帖参考一下。我学书法，就是从这些碑帖入手的。我经常和你爸爸一起喝茶，讨论这些书法、画画的艺术。"

杨善深深入浅出地介绍学书法的技巧……他怀着强烈的责任感，因材施教，一路弘扬民族文化。

"国宝"红线女

杨善深私底下有个习惯：每次作画的时候，都会开着录音机，一边听音乐，一边作画。而他每次听的音乐，都是粤剧。

粤剧在杨善深心中有十足的分量，粤剧的浓浓粤情，让他感到无限的轻松喜悦。

不仅喜好粤剧，杨善深与一代粤剧大师"国宝"红线女，也有过一段师生情。

杨善深有个学生叫劳允澍，是个粤剧演员。他和红线女合作多次，一起演唱粤剧，出版过很多唱片。

那一天，杨善深正在加拿大作画。这位劳允澍来找他，有些忐忑地说：

"杨老师，我给您介绍一位朋友。"

杨善深抬头一看，有些许吃惊。原来，学生要介绍的朋友，就是红线女。

红线女是粤剧艺术的一代宗师，开创了迄今为止中国粤剧史上花旦行当中影响最大的唱腔流派之一——红派艺术，为岭南粤剧艺术乃至中华文明树立了不朽的丰碑。

杨善深与红线女合影

两人一见如故，开怀畅谈。从古到今，从艺术出发，粤剧与画画的相通……时间悄悄流逝着。

"杨老师，我很喜欢您的画。我想跟您学画。"红线女提出了拜师的请求。

"好！"杨善深立马答应。

双方达成一致意见后，为隆重其事，红线女按照传统，行了三跪九叩之礼，拜杨善深为师。

就这样，两位"国宝"聚在了一起，成了师生。从此，一段师生情连绵延续着。

每次红线女到香港，都会去拜访杨善深老师。

有一次，40多岁的红线女专程到杨善深的画室给老师唱粤剧。

"我今独抱琵琶望，尽把哀音诉，叹息别故乡……"

那一天，杨善深的画室里响起了红线女清唱粤剧的动听歌声。高励节和容绳祖等杨善深比较亲密的学生也有幸一听。

可见红线女很尊重杨善深老师。

杨善深对红线女也是很关爱的。他每次到广州，一定会叫红线女出来。杨善深、容绳祖、红线女一起去天香楼喝茶。

……

89岁的杨善深专程从加拿大赶回广州，参加梁照堂的画展。在画展前夕，杨善深叫梁照堂、红线女一起去假日酒店吃饭。

那天杨善深很高兴，梁照堂与红线女都是行过三跪九叩拜师礼的学生。大家难得欢聚一堂。

杨善深高兴地说："梁照堂啊，红线女是你师姐啊。"

"师姐……"

在假日酒店的包房里，师生欢聚，传来阵阵欢声笑语。

六 / 寻根之旅

不知故乡月如何，
身在香港倍思溪。

17岁离乡后，
杨善深像坐着一辆没有终点的车，
山一程，水一程，
风一更，雨一更，
聒碎乡心梦不成……

人生最大的归宿是故乡，
他的脑海不停地叨念着同一个符号：
再回赤溪！

永恒的希望

杨善深17岁就跟随父亲离开家乡，移居香港，一直没有回去过。但是他身上继承了客家人的特性：对家乡有着浓厚的感情，希望找回故乡。但是，他听说在战争中，由于日本人侵略，故乡赤溪县（今台山市赤溪镇）象岭村已经没有了。

1989年，杨善深伤心之余把心中那股客家人不服输的情感逼出来了，已经快80岁的他，指派爱徒张云淡先回故乡帮他寻根……

30多岁、留着一头长发的文艺青年张云淡带着杨善深老师厚重的愿望来到了台山赤溪镇象岭村。几经辗转，他找到杨屋宅的一个老堂伯。

老堂伯激动地说："我们赤溪镇象岭村很硬朗的，从这里出来的人都很优秀。现在我们村里家家户户都辛勤劳动，男耕女织，孩子上学，为生活而努力着。"

听着老堂伯的话,张云淡的嘴角悄悄地往上翘了起来。他抱着落叶归根般的厚重情感,欢喜地用录像机把这条美丽的村庄拍了下来,然后抱着沉甸甸的录像迅速回香港,播放给杨善深看。

看到家乡很完整,什么都有,并不是自己想象的那样,杨善深很激动。当时他已70多岁了,立志要为家乡、为杨氏宗亲做点事情:在杨家培养一个艺术传人。

可是,当时村里人虽然都很努力工作,但是很多人连饭都吃不饱,工作的工作,挣钱的挣钱,哪有心思学艺术?

这一切,又让杨善深陷入了苦思。

无巧不成书。原来,在杨氏的宗亲里面,有一位叫杨宇远的小孩,从小就对绘画有兴趣。他的父亲杨家尧年轻时曾在乡里的文艺宣传队搞过宣传,画了不少画,也有点名气。

杨宇远父亲经常说:"宇远啊,你要努力读书。你知道吗?我们杨家出了一位大画家杨善深。他是我们的骄傲,你要好好向他学习。"

耳濡目染,杨宇远继承了杨家人的天分,从小就喜欢临摹图画。他生活在农村,当时条件很艰苦,没有电视节目看,也没其他娱乐,在帮父母做好家务后"狂乱涂鸦"和感受家乡的灵山秀水就是他最好的消遣了,他用测验纸临摹过齐白石等名家很多画作。

小宇远的绘画就像"大杂烩",有酸的、有甜的。每有空闲,手握画笔在洁白的画纸上,描上心仪的色彩。

当听到杨善深老师要找传人,正在读小学五年级的杨宇远立马就把自己临摹的作品给杨善深的学生看。

杨善深的学生自然是不敢耽误,立马就把小宇远的这些"作品"带回香港给杨善深看。

远在香港的杨善深，看到杨宇远临摹的作品后，思绪仿佛又回到了自己小时候。温暖、不带寒意的风就像家乡的风那样，亲切地吹拂着他。

杨善深立马就下了定论："杨宇远这个小孩值得培养。"

同时，杨善深还很贴心地从香港为这位杨氏小传人寄回画册和宣纸，以鼓励他学画。杨善深的"善"是一种精神的契约。他总是想方设法引导有缘人的心一直向善，或许只有这样，他善良的心才能被阳光照耀。

在杨善深心中，鼓舞他人，也是一种幸福。

自此，杨宇远就走上了一条画画的艺术之路。

杨善深温暖的鼓励，让这个小宇远多年来，不管生活怎样改变，从没有放弃自己的绘画艺术追求，用真诚和真爱去描绘自己的梦想！从高中、大学选择美术专业，杨宇远一直在绘画艺术的道路上追随。

后来，杨善深移民加拿大，但他与杨宇远一直有联系。

杨宇远在读大学的时候，打过电话给杨善深，说："我很想过去，待在叔公身边学习画画，可是过不去。"

杨善深放声大笑起来："没有关系，多点写生，写生是最好的老师。好好学习，艺术能够影响一生。"

"你的老师就是生活，你要多看一些古代的画册和好的画展，这对你很有帮助。"

……

电话那边杨善深的声音欢快地洋溢在温暖的话筒里，飘散在杨宇远的脑海中。

他暗自许下诺言：与叔公杨善深这种默契的关联，将会延续到永远。没有机会亲身跟杨善深学画，但他却在机缘巧合之下得到杨叔公得意门徒容绳祖的亲自指导。

2006 年，在北京有一场杨善深的作品展览会。杨善深的儿子杨天颐邀请了杨宇远过去参观画展。

在展览会上，杨宇远看到一个很熟悉的身影，脑海里一下就蹦出了对这个人的印象：还读小学时，他曾经和叔公一起回过乡下。他就是叔公的学生容绳祖。

杨宇远激动地走过去，说："您是不是容老师？"

容绳祖看了一下杨宇远，想了想，很快就认出他来了："宇远！好久没有见过你了！在这里见到你，真是太有缘了。"

容绳祖知道杨宇远从小喜欢画画。再次相遇后，他决定尽能力指导他画画。"我有责任将杨老师的艺术发扬光大！你很有天赋，如果你以前有时间在香港跟杨老师学习画画，一定能画得非常不错。不过现在也不晚，我会把我所会的都教给你。"

杨宇远听到容老师的话，很感动。从此，他开始踏进了岭南画派的艺术门槛。

深受杨善深的教育方式影响的容绳祖，总是用生动形象的方式指导杨宇远。

有一次，容绳祖要求杨宇远画个月亮。杨宇远想这么简单的东西，就随手画了出来。容绳祖看了他的画，笑了笑，自己拿起一个光盘，印着画了一个圆，然后再慢慢打磨边缘，淡化，通过用虚实相结合的手法，画出一个柔和的月亮。

杨宇远看到容老师的画，立马惭愧地低下了头："容老师，您画得真好。"

容绳祖心存感激地说："这都是杨老师教我的。他说，北方画派画的月亮，大都是硬邦邦的。岭南画派的画法和北方的画法不同，我们追求一种合理性，不光是有形还要有神，做到形神相结合。这也是杨老师画画的一个技巧。"

"杨老师在画的时候，有很多创新的东西。比如画线条，他从来不会一笔画过，他会慢慢地点描出线；在做色彩渲染的时候，他对水分的比例也是严格要求的。在做色彩的时候，要先把宣纸弄湿，然后再慢慢一层一层地上色……"

容绳祖认真地指导杨宇远，就仿佛当年的杨善深，正在认真、用心地教导他的学生们。在杨善深的艺术影响下，杨宇远的画技日臻成熟。多年来，他的作品

书法 1999 年 139 cm×69 cm

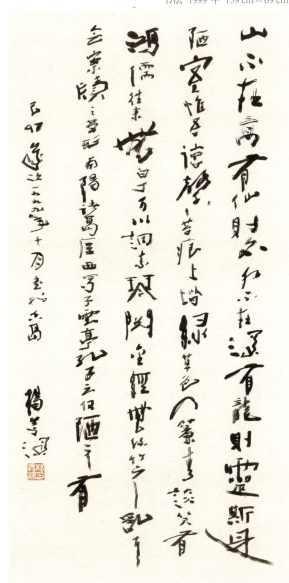

多次参加各类大型的展览并获奖，一些作品被画廊、企业和个人收藏。

杨善深钟情于艺术，也把这种对艺术完美的追求传递给每个学生。容绳祖现在也在遵循杨善深的意愿，希望把它一代一代传承下去！

又一次希望

杨善深和胞弟杨君泽都是出生在台山赤溪县（现赤溪镇）象岭村的。两人的年龄相差虽大，但却是同父同母的胞兄弟。

杨善深一家移居香港五年多后，他的母亲李土娇怀孕了。而这个还没有出生的小孩，就是杨君泽。

本来这个小孩应该

20 世纪 30 年代，杨母与杨善深胞弟杨君泽

是在香港出生的，但由于父亲杨凤书相信风水，他说："我们乡间的风水出名人。"

结果父亲就让母亲回乡待产，直到杨君泽出生四个月后才带他回香港。此后，杨君泽就一直未回过故乡，也不知故乡在哪里及如何才可以回去。

1996 年 4 月，有一天，杨善深突然激动地对弟弟杨君泽说："我在广州的杨善深艺术馆打算出一本画册，希望能到我们的故乡祖屋即出生地拍照。你有没有时间陪我回乡走一趟？"

杨善深的话语，激起杨君泽一阵兴奋感。他马上答应下来："这是我第一次回乡。"

就这样，杨善深带着弟弟杨君泽，回家了！这是一次希望的旅途，希望的光芒犹如一团紫云，又一次飘浮在台山赤溪镇象岭村。

杨善深联系了广东省一些文化单位的人，在他们的陪同下，一起回到了象岭村。

这天，本来晴朗的天气夜里却下起了倾盆大雨。雨水加乡情总是能激起丰富而复杂的情感。

久别故乡的杨善深以为自己的故乡梦可以实现了，可是因为杨善深离开家乡的时间太长了，而且没有当地人引路，他没有找到自己的祖屋。

在象岭村站了一会儿，杨善深无奈，准备带着遗憾离开。

杨善深走到村口的时候，有个正坐在门口的老婆婆突然抬起头，看了看他，说："你是不是杨青啊？"

杨善深说："是啊，是啊。"

原来，杨善深年轻时在乡间的名字并不叫"杨善深"，而是叫"杨青"，移居香港后才改名为杨善深，字柳斋。

老婆婆向杨善深打招呼，让他心里很是安慰。他虽然多年没有回乡，但仍有一些乡亲父老认识他。

2000 年 4 月，杨善深（左四）与胞弟杨君泽伉俪（右二、右三）及同村亲人在家乡赤溪

2000 年 4 月 28 日早上，杨善深与胞弟杨君泽再回家乡。

这一次，杨善深在亲侄子家中，细看厅堂墙壁上挂着的一排镜架，上面镶满了宗族祖辈的新老照片，他拉着胞弟细细辨认，诉说每位祖辈的经历。其中还有不少他青年时期的照片，尤其是一张摄于 1945 年的和"今社画会"同仁在广州的合照，令他激动不已，驻足凝视。

睹物思人，杨善深不禁百感交集，想不到在家乡留下这么珍贵的史料。时间关系，没有久留，此行，也是匆匆忙忙……

虽然前两次回故乡都"出师不利"，但是这并不阻碍杨善深对家乡的热爱。他对故乡——台山赤溪镇象岭村深厚的眷恋情怀只会越来越浓，越来越清晰。

有一次，台山市有人去香港春茗，请杨善深吃饭。

本来欣喜若狂、已赴约的杨善深，一看那些人写的请柬，立马反悔了，顾不上吃饭就走了。

"我们故乡来的人怎么这样的啊？来请我吃饭，连我的名字都写错了？行不改名，坐不改姓啊，你要帮我告诉他们。"

杨善深很生气，打电话给唐丽媚。

"'深'字写成了'坤'字，你讲是不是很离谱？"

杨善深有着发不完的火。

"可能那些人文化程度不高，不是故意的。您不要生气啦。到时候我说他们。"了解事情始末后，唐丽媚哄着杨善深说。

"你要说啊，以后不能这样写。"杨善深年纪大了，脾气也有点像小孩子一样。

希望的复活

2001 年夏天，杨善深与李可染的儿媳妇唐丽媚在香港寓所的窗前，用客家话

2000 年 4 月，杨善深回到阔别半个多世纪的故乡广东省台山市赤溪镇象岭村

聊着天。

"杨老师啊，您离开家乡这么久，家乡的人都说您不会说客家话了。"

乡情浓郁的杨善深一听到这话，热血激荡，满脸通红，太阳穴上青筋隆起。他立马就用客家话说起来："谁说我不会说的。"

"杨老师，您的客家话一点都没有变啊。家乡的人又说，您在香港这么长时间了，不认客家人了，是不是啊？没人敢找你啊！"

对站在艺术高端的杨善深说家乡，总能立马激起他的情绪来："我是客家人！谁说我不认。江门、台山都有人来找我，我都不承认，我只是承认我是赤溪人。"

"广州有个客家联谊会，香港也有个分会，每年都有聚会的，为何您不去参加呢？"

杨善深认真地说："我不知道啊，香港、广州都没有人找过我啊。"

"可能是家乡的人找不到您啊。那如果家乡的人邀请您参加今年的会议，您去不去啊？"

"当然去啊。"

"好，我介绍您认识广州客家联谊会的人。"

……

原来，作为佛山赤溪联谊会的负责人之一，唐丽媚这次是带着重要的任务来香港找杨善深的：广州赤溪联谊会要搞聚会。而赤溪的联合商会，想找杨善深一起参加这次聚会。于是，他们找到唐丽媚，拜托她邀请杨善深回粤参加聚会。

赤溪犹如地下神秘的热泉，在杨善深心中有着难以捉摸的活力。聪明的唐丽媚成功地邀请了杨善深参加广州客家联谊会。

事情就这么定了。

唐丽媚又发起了另外一个话题：

杨善深与唐丽媚合照于杨善深香港的家的客厅

"杨老师，您有没有回过乡下？"

"回过一次。当时是省一些文化单位的人带我回去，我想拿回一些青少年时期的资料，出生证等。但是效果不是很好。"

"这样啊。那您还想不想回去啊？我来安排一切，比较方便。我在赤溪中学教了7年，很多学生都已经是有所成就了，在当地各个部门都有一定的地位。虽然我已经离开台山很多年，但是和学生们一直有联系，我来安排。"

"好啊，好啊。"

"那您想什么时候回去？"

"越快越好啊。等你安排。"

"好！我回去就着手安排这件事，您等我好消息。"

简简单单的一段对话，却复活了一个巨大的希望。

唐丽媚办事很有效率，从香港回去之后，她就开始联系一切事项。

很快，满心期待的杨善深接到了唐丽媚的电话："杨老师，您坐车还是坐船过广州？"

"坐船。我经常到珠海，比较熟悉。"

在杨善深表达了自己的意愿以后，唐丽媚火速在佛山找了一位当公安的学生，要求他帮忙要辆警车，为准备迎接杨善深老师开路……

一轮精心准备后，杨善深的寻根之旅，正式开始了。

这一次，杨善深夫妇带着杨君泽夫妇、两个儿子，还有学生容绳祖，一位黄姓朋友，一共8个人从香港回来了！

从珠海码头与唐丽媚、李秀彬等人会合以后，杨善深舍不得耽搁一刻钟，一路飞驰，直奔赤溪。家乡一向是杨善深的牵挂。他无数次想和着时光的节拍，再回故乡。

唐丽媚探望杨善深

经历了上一次回乡的失落，这次杨善深惊喜地接到了赤溪镇政府一个隆重的欢迎节目：乡下的乡情、乡貌的详细讲解。随后，杨善深等人来到了象岭村。

村里的人知道杨善深要回来，都走了出来，站在门口等着。

一些比较疏远的亲戚，都说："我叫你伯公的啊……"全村的人都姓杨的。村子有几个名字，杨木栅，象岭村。同一个祖宗的人都出来看杨善深。

同乡人热情地告诉善深：哪间是他的祖屋、他父亲是在哪间房子出生的以及一切与他有关的事情。

不过杨善深的祖屋都烂掉了，只剩下一个门栏，有副大理石的对联，很清晰。杨善深看着这副对联，感触良多。他对弟弟杨君泽说："你看这一副顶格对联，是清朝的一名懂地理的才子写的。"

唐丽媚问："杨老师，您想不想重建一间祖屋啊？"

乡邻们："要建，我们过年过节拜神都没有地方拜。"

杨善深原来的祖屋太小了，只有两个房间，中间一个厅。两个房间，杨善深的父亲只占一间房，他的宗亲占有另外一间房，中间的厅用来拜神，非常小。现在宗亲的房子用来种植蔬菜。如果要建祖屋，要把宗亲的地也买过来。但是就算把宗亲的地买过来，也还是很小。

唐丽媚说："如果要建，要不就在村头那口塘的位置建一间，行不？"

杨善深看到这口塘，忆起往事，坚决地说："不行！这口塘是我爸爸出钱叫人建的。我们乡下有个习俗，从村头到村尾，一定要有一口塘。这口塘起到的作用是水为财，还防火。这口塘我绝对不能占用。"

唐丽媚又说："那就在村尾竹林里吧。有些竹围，也挺写意的。"

对于唐丽媚的这个提议，杨善深一直没有表态。对于重建祖屋的事情，也一直没有定论。在清新的乡风吹拂之下，杨善深心中寻根的念头再次冲破心灵荒芜

晚年杨善深

的岩层喷薄而出。

随后，杨善深一行人移步到赤溪小学。

杨善深离开家乡前，曾经在赤溪小学读过书。对这所有很长历史的赤溪小学，他印象深刻：从前的赤溪小学，有一条很长的围墙，中间有棵大榕树，就这样把整个小学围起来。

杨善深凝眸注视着这些围墙，立马被回忆征服了："我小时候很调皮的，经常是翻过围墙，就走了。这棵大榕树还在啊，很茂盛。"

说完，他沿着围墙、榕树，心中念念不忘地拍了很多照片。

赤溪镇分为两片，很大。唐丽媚联系好接待杨老师的地方在田头，海边旅游区，离象岭村有一定的距离。因此，行程比较紧，杨善深感觉像走马观花，意犹未尽。

从赤溪小学出来后，杨善深一行人便匆匆去了旧镇政府、四方街。四方街是赤溪唯一的一条街。因乡下地方比较落后，村貌基本上和杨善深离开的时候差不多，变化不大。

杨善深一见到这些景物，非常兴奋地说："这个没变啊，那个店还在啊……"

当地人接待杨善深吃饭是在旧镇政府。现在这个地方已经不办公了，但是以前办公的地方原封不动。

那天天气非常好，当地人精心地安排大家在一棵大榕树下吃饭。

吃的时候，有些榕树籽还掉了下来，杨善深幽默地说："加菜了，加菜了。"

看着熟悉的客家菜，杨善深胃口大开：他喜欢吃的青菜只有一种，就是猪乸菜（又叫莙荙菜），海鲜他喜欢吃赖鱼（又叫花鱼），喝汤就喝猪骨煲牛大力汤。全都是乡下地道的客家菜。他吃了很多，光是汤就喝了两大碗……

这次家乡之旅很有意义。杨善深那叶落归根的希望复活了，欢快的旅程为此带来了很大的震撼。

晚年杨善深

以杨善深的观念论，热爱家乡的他还有一个愿望：在台山博物馆留下一些自己的作品，以鼓励台山后人。

经过唐丽媚夫妇的联系，杨善深准备捐一些画给赤溪镇留存。

"杨大师的画，我们当然要！"镇长坚决表示要。

可是要画，是需要有基础条件的，镇里没有这个设备，不能做好防潮、防湿、专人管理的工作。

很快杨善深的太太刘兰芳就提出了几个关键的问题：你们能够提供什么样的设备来保管这些画呢？你要放在哪里，由谁来保管？

刘兰芳一连串的问题，让镇长哑口无言了。

杨善深第一次想捐画，但事情最终是以不了了之收场。他看着美丽的家乡，一脸无奈而可惜的神色……

不达目标不罢休。虽然没有捐成画，但杨善深依然奔走故乡，希望寻找另外一种方式来善待故乡。

2003 年秋，杨善深年过九旬仍与胞弟杨君泽等人冒着风雨再回故里，捐资修路，挥笔题词。

七 / **追求创新**

古往今来，中国有多少智者贤者，

他们的文字和言行，镌刻在中国的文明史册中，

千百年来辉映着祖国绮丽的山水。

从小杨善深就对国学情有独钟，

他立志要当一名自强不息的理想主义者，

精于技艺，博学多闻。

自从他钟情于国学探求以来，

他就学会了发现。

自从一个风向随他而动，

他便乘一切风扬帆……

"杨体"书法：无法之法，视为至法

杨善深平日喜好书法，重视古文。追求创新的艺术情怀激励着他，他用书法的形式表达了中国知识分子的格调，进一步丰富与突破传统书法的格局。他认为书重品韵，字如其人；他的篆书写得圆熟而富古意，他对古诗的平仄运用极为熟悉……

杨善深的书法在岭南画派的画家中尤其出众，他的书法训练注重临碑帖，古朴稚拙，既传统，又非常现代。查遍中国的书家，没有人像他那么写的，他是书法作品具有独特个性的画家。

善于研究艺术学问的杨善深，从小就喜欢画画。但对于书法，他也同样钟情。小小年纪的他，在《秦诏版》《祀三公山碑》《开通褒斜道刻石》《广武将军碑》

书法 229 cm×50 cm

等碑帖上下过苦功夫。

杨善深在教育学生写书法时，就曾经透露了自己的秘密：

"第一，你不要马上去临帖。因为很多人临帖以后，就很难跳出来了。"

"第二，我写字是这样的。我写字就是写画，写画就是写字。也就是说，你不要这么拘谨。"

"有句话，无法之法，视为至法。这个才是真正最好的方法。就像学太极，无招胜有招，无招才是最高境界。"

把这个书法秘密拿捏得当，就是杨善深的书法艺术。他随心写出的字，犹如海涛汹涌澎湃。诚然，书法与古诗词从来就分不开。真正博学的书法家，心中总装载着一首首优美的古诗词。

一次，杨善深应一个企业家之约画一幅《金鱼》：画面上几朵浮萍一串水草，一条生猛的金鱼低头向前游去。

看着画稿，追求完美的杨善深总认为缺些东西。突然，他灵光一闪，在画稿上面题了这样两句诗："眼似珍珠鳞似金，时时动浪出还沉。"

这两句诗的深意，就是杨善深要建造一座直达上苍的阶梯。

但那位庸俗的企业家一看，认为"出还沉"意头

杨善深在挥毫

不太好，不甚满意。

　　杨善深露出一副纡尊降贵的神气哈哈一笑，便不再动笔。这令场上的气氛有些严肃。

　　这时，深受杨善深关爱、教导的学生容绳祖眉头一皱，略为沉思，即刻又加了两句："殷勤觅得龙门路，锦绣前程一跃登。"

　　杨善深笑了，内心对这位学生的赏识又多了几分。

　　有几件事也可以看出杨善深的治学、人品。

　　据梁照堂回忆，杨善深一直生活在香港，对于内地很多人情世故的东西不是很清楚。

　　"有一次，杨老师看了我的国画，认为很好，就很直率地表达出来。这也说明他生活的圈子和关山月的圈子不同，所以重视的东西也不同。"

　　"杨老师很谦虚，经常都说他自己在我这边学知识。两人的关系不是小学生那种师生关系，我是在20世纪70年代末认识杨老师的，那个时候，我自己在画坛也是有一定名气的了。两人是战略上的师生关系，而不是就具体某张画是怎么画出来等来指导的关系。他会在大方向上指导。"

　　回溯2002年4月，骆驰陪同先生从珠海香洲到外伶仃岛，再到担杆岛，航程50海里。先生乘舟破浪，如履平地，成为迄今为止以九十岁高龄敢去担杆岛的第一人，岛上的渔民非常欢迎他的到来。先生不停地写生，惊涛拍岸、精灵的猴子、枯藤古树、硕大的鱼虾，无所不写。渔民们的纯朴真诚、豪爽好客，亦深深感动着先生。他满怀激情挥毫写下了古拙苍劲的书法对联："万山经古远，南海悟怀宽。"

骆驰曾说，杨善深先生一生游历甚广，足迹遍及世界各地。他以写生为基础，师法自然。他在自己的画室"春风草堂"悬挂自书的对联："人是人非都不管，花开花落自关心。"[1]

如高剑父《湖边蝶影》一画，"湖边蝶影"四个字是杨善深题写的，如果将题字遮去，单看原画会有缺失之感，此为题跋价值所在。

张素娥曾说，杨善深常喜以秃笔书草篆题跋，跋书有行草的飞扬，又有金石的醑醉。作为画家的杨善深，与一般书家所不同的是，大胆地运用了绘画用笔的中锋、侧锋、破锋、逆锋来书写，且善于安排书面，讲求造型，喜欢用深浅、干湿、徐疾等变化。他的字使人感到逆、拙、重、厚、沉，是他按主观意图把汉碑的造型、结构加以创造使然。[2]

写画讲究的是什么

根据这个问题，笔者在这里设置了一场学生与老师超时空的对话：

"杨老师喜欢画老虎，但是画得不好。"

"画老虎比较多，因为虎是他的生肖。"

"十二生肖里面，杨老师画鸡也比较多。"

"杨老师画动物，除了观察外，还是有参考其他资料，看别人如何画，了解动物的动态、神情等。"

---

[1] 摘自《光明日报》，2007年6月29日第011版《文荟副刊》。
[2] 摘自《南方都市报》，2009年2月23日第47期。

杨善深(左六)出席"华夏情——名人名家书画展"的剪彩仪式

"他很喜欢去动物园看动物的动态。他去每个地方几乎都要去动物园看看。"

……

容绳祖回忆,杨善深喜欢画老虎,但他都是画善良的老虎。

在一次接受采访时,杨善深说过:

"初写动物画,为了表现形似,用笔上必然比较拘谨约束,当经过了以各种表现形式尝试运用,对物体的形较熟稔掌握,这种约束将会逐渐消失。在我即将展出的作品当中,动物写得很像,但笔墨运用上却受了束缚,这些都是较早前的作品。最近我多采用写意表现法,作品中的形体大多夸张,表现得比较自然。"

"写画讲究的是美感,古人的衣服适合于用笔,如果在画中写个穿西装的人,请问是否入画呢?就如你所穿的这件西装画它时表现技术必受限制。"

"水墨画在题材的发展并不会受笔墨运用的限制,只不过古装较入画,现代服装较不入画。这是美感问题……"

杨善深不仅精于摹古,更善于创新。他晚年移居海外,在传统泼墨法的基础上,借鉴西方抽象表现主义技法,开创大泼墨、大泼彩新风。杨善深在世界画坛享有盛名。据资料显示,杨善深是个多面兼长的画家,既擅人物,又长动物;既擅设色,又长白描。

他的人物作品,喜欢描绘家喻户晓的历史人物,有时还大胆描绘一些男欢女爱的题材。他创作时,运用不同的笔法来表现不同的对象和不同人物的性格。而人物衣纹有时用"钉头鼠尾描",有时采用"游丝描",甚至"减笔描"等。

总之,衣纹的多寡、粗细,用墨的浓淡和落笔的线条,如重起轻收或轻起重收等的不同技法都十分考究和审慎。难怪他塑造的人物如此传神逼真、生动自然、有血有肉和性格鲜明。融历史、文学及绘画技巧于一体,充分表现了他富有创造性的人物画风格。

杨善深（前排左二）、饶宗颐（前排左三）等出席"华夏情—名人名家书画展"剪彩仪式

另外，杨善深为了画山水，从 20 世纪 80 年代起，经常到祖国名山大川，跋山涉水"搜尽奇峰打草稿"。无怪他笔下的山水作品别开生面，气势豪迈。最难能可贵的是，在旧的画法的基础上，他总会注入一些新的画法。

比如笔下的黄山松云、峨眉奇景、北国风光、江南水乡，都蕴含着他对山川的深厚感情。

他的作品不但题材丰富，而且构图奇特，忽而平坦开阔，忽而高山悬崖，有时又喜欢采用近似西洋画的构图方法，令人触景生情。

他还善于选取寓意深邃而具有诗意的景物，大胆夸张，使作品高度概括精练。同时，杨善深的山水作品不仅注重笔法，而且还重视渲染。他经常运用浓墨、淡墨、积墨、泼墨的绘画技法，使层峦叠嶂、杂树丛生的山水树石浑厚华滋。有时又以破笔、泼墨等手法作大块渲染，使画面在色墨变化中，使人感到山在呼啸、云在变动、水在奔流，一片潇洒飘逸的风姿。

画了六十多年画的杨善深，从来都是在宣纸上作画。然而，人生难免遇到种种挑战，是勇敢面对还是躲闪回避，是鉴别强者与懦夫之试金石。

1993 年，日本西武百货集团决定为杨善深在香港开一次个展。诚然，这是一件美事，但却被附上"苛刻"条件——指定画家在五块金箔屏风上作中国画。

这批金箔屏风造价高达 12 万港元，皆以纯金箔打制而成，最大的一个四折金屏风高 160 厘米，长 240 厘米。

金箔光洁度高，不大吸墨吸水，重复的第二笔下去后，第一笔所画的便会被洗掉，所以，不能翻笔或者添笔，更莫说要做修改，只能一笔画成。摆在画家面前的问题是：画廊给他寄来的五块金箔屏风，并没有预备一块供试笔之用。

假若画坏了，岂能像宣纸那样丢掉了事？在纯金上挥毫，对这位 80 岁的艺术家而言，还是生平第一遭。杨善深面临棘手的挑战，他形容自己在温哥华刚接下这项工作时，满头大汗。

考虑到金质底以及反光的特性，杨善深用于构思上的时间，比用于绘画上的时间不知多出多少倍。落笔前他足足闭门构想了两三天，针对金箔的不吸墨特性，他在笔墨技法的选择上，偏向于用更多的渴笔与焦笔趣味。

杨善深除了用墨外，也使用朱砂、铅粉、花青等颜料。在色泽的运用上，鸡冠的大红、仙鹤的雪白、荷花的粉红，都能与金色的底色产生十分理想的唯美的对比效果。

他用了大约两天的时间，才完成第一幅金箔画。这幅《松鹤延年》的金箔屏风画上，三只

吕不韦与赵姬　年代不详　57.4 cm×28.2 cm

松下高士 1970 年 124.4 cm×57.2 cm

仙鹤栩栩如生，加上一些松树构图点缀其间。

待五幅金箔屏风画全部完成后，杨善深发现在金箔上作画竟然充满异趣，也感受到一种技法提升后的满足。这五幅金箔屏风画分别是《松鹤延年》《荷塘图》《鸡鸣报晓》《水仙》和《葫芦》，兼具中国文人画家的高逸意趣。

在金箔屏风上作画，日本于明治时代便已有。但在中国过去则极为鲜见，杨善深算得上是"尝螃蟹的第一人"。

1993 年 1 月 13 日，杨善深在香港的个人画展于金钟太古广场的西武日本百货公司画廊展出，共展出作品 47 幅，为金箔屏风画及其近期完成的书画。

杨善深承认，这次尝试是他作画六十多年以来最大的一次挑战，他说，因日本画廊计划为他在香港及东京举办第二次画展，金箔画会是他展出的重点之一，在时间匆忙的情况下作画成绩也就打折扣。

适我无非新，这是杨善深以及他在艺术上最真实的写照。

八／老而弥坚

士不可以不弘毅，

任重而道远。

学问不分年龄，

不分先后，

杨善深一直创造，

只是因为他无法抛弃它。

他，90 岁时为人民大会堂作画；

他，老而弥坚！

90 岁为人民大会堂作画《万古长青》

2003 年，杨善深向北京人民大会堂捐赠巨幅国画《万古长青》。

2003 年 10 月 30 日早上，杨善深在儿子杨天颐及香港收藏家杜威的陪同下赴京，出席在人民大会堂举行的赠画仪式。

这幅巨作《万古长青》被高挂在大会堂西门入口处，这里是每届"两会"代表入场必经之道。

"大会堂有好几幅松树的作品，但都是硬的、写实的画风。而杨老师画的松树，以杨派独特的笔墨线条，画出内心蕴藏已久的千载古松，既有传统中国文人画的意境、趣味，又有五岳不老松之威武，的确令人心生敬意。于此迎客，大长中华民族气概！"大会堂管理局薛局长，在赠画仪式上感慨道。

杨善深在研究绘画艺术的道路上不断深入、不断探索，已经 90 岁了仍然坚持作画，并用最充沛的精力投入创作。

杨善深对《万古长青》的构思，源于15年前的一次泰山之行。

当年，他在泰山古庙前看到一株巨松，其枝干横空而出，树身雄奇挺拔，树皮布满标记久远年轮的爆裂圈纹，透出莽莽苍苍五大夫松的神韵。奇拔的景色，让杨善深灵巧的手，随心所欲，在画纸上写出他胸中的奔腾激荡。

这幅奇特的写生稿，一直深深印在杨善深的脑海。在九十华诞之年，他狠下决心要将此画一气挥就。

对于这么有意义的一幅画，杨善深专门选在中山市其弟子容绳祖家乡的大画室里完成。他选择中山，是有道理的：那里风景优美，空气清新宜人，而且地方很大……

"你不要同其他人讲，我这段时间在你这里画画，免得被人打扰。"开始作画前，杨善深就给容绳祖立下了严厉的规矩。

据容绳祖回忆，为此事，他还被市长骂了："容绳祖啊，你糊涂了。这么大的画家来到中山，怎么都不告诉我们。"

"杨老师不让说，如果大家都知道他过来了，都来找他，他根本没办法完成。"

"告诉你们，如果以后老师不来我家了，就唯你们是问啊。"

和蔼的容绳祖风趣地回答市长的话。

……

这幅画纸长达7米多的《万古长青》，创作工程浩大。杨善深很满意。他这幅晚年得意之作，由广州美术馆最优秀的师傅装裱，一股气压乾坤的气势扑面而来，众人鼓掌赞赏，争相拥至画前留影，以一沾浩然英气。

杨善深衷心祝愿祖国像泰山上的五大夫松一样，永远耸立在世界之林，万古长青！

树高千丈，落叶归根

杨善深一向都非常俭朴，是广东话中所谓"知悭识俭"的人。唯一能令他花钱的，就是买一些他喜欢的古书或古董。他的衣着也很随便，喜欢穿长衫、布鞋，总之古朴的东西，他大都喜欢。

在生活实践中，杨善深从青年至中年，坚持修习太极拳，中年以后转而每日早上游泳。那时住在香港何文田的他，每天早晨4时30分就驾车出发，直奔西贡清水湾海边而去。

他说："这是我二十五年来的习惯，我每天清晨游泳，目的是要锻炼身体，抖擞一天的创作精神。"

就这样，数十年中不论寒暑，他都坚持不辍。

至于吃的方面，珍馐百味未必能吸引到杨善深，他最喜欢吃的是儿时的家乡菜。得知胞弟杨君泽的太太在煮客家菜方面有一手，每次回港，杨善深都会很主动地对弟弟说："我什么时候去你家里吃饭？"

据胞弟杨君泽回忆，杨善深去世前一段时间，有些情绪，非常不愿意回加拿大。虽然移居加拿大多年，太太亦在那边，多年来他都不得不来回香港和温哥华，但他一直喜欢待在香港。

2004年年初，本来照过往的习惯，杨善深是应该回去加拿大的。但碰巧杨君泽的儿子准备在3月时结婚，杨善深便留在香港要饮过"大伯茶"才回去。其实，他只是在找一个冠冕堂皇不回去加拿大的借口。

同时，5月7日，澳门艺术博物馆举办杨善深"万象乾坤——杨善深近作书画展"，所以他就可以一直留在香港。他在香港离世，也有天意存焉！

杨善深很重视这一次的画展。

他一如既往地邀请了唐丽媚夫妇去参加这次画展。但因为李秀彬的签证过期

杨善深（中）向中南海捐献巨幅国画《竹报平安》

了，新的还没有办下来，所以他们都没有去。

没有想到的是，杨善深因为脚痛也没有去。后来由杨善深太太刘兰芳代表他出席了首发式。

在杨善深逝世前的一个月，弟弟杨君泽感觉哥哥对自己的事有点预感。5 月的第一个周末，杨善深到杨君泽家吃晚饭。饭后，兄弟两人在客厅里闲聊。

"树高千丈，落叶归根。"闲聊中，杨善深突然发出很深的感慨。他还把许多平日不会告诉别人的事告诉杨君泽，包括在银行有多少存款等隐私……

杨君泽怎么也没有想到，不久这位兄长就长眠在香港将军澳山上的墓地上了！

书法《子牛堂》

据杨善深的儿子杨天颐回忆："父亲一生对书画到了痴迷的地步。在我们的印象中，他没有一天离开过画笔。直到发病去世的前一刻，还在作画。最后的画作是这次带过来的《双鸡图》，图是画完了，还没来得及题词落款。"

大师杨善深去世，是在梦中而去。在佛家来说，死也是要修道的。杨善深是道行很高的人，才能在梦中而去。对于他的绝笔作品，有一个鲜为人知的秘密。

据唐丽媚说，在与杨善深的交往中，杨善深为她丈夫李秀彬题过两次字：

第一幅是在 2001 年的《子牛堂》；

第二幅字也是题写"子牛堂"，但最为珍贵，意义很深远。

2004 年，佛山赤溪联谊会成立之前，唐丽媚请杨善深帮忙写序。杨善深爽快地答应了，还问唐丽媚："阿媚啊，要不要我写什么字啊，我要准备收笔啦。"

唐丽媚有些不好意思地说："不要了，您这么辛苦了。如果您有精力，真是要写，就帮秀彬题写一幅画室斋名'子牛堂'啦。"

杨善深自然是应允。他兴高采烈地和唐丽媚约好了：字写完就通知她，她过

黑兔 1975 年 34.5 cm×47.5 cm

去拿，然后他和她一起去广州参加联谊会。

可计划永远赶不上变化！

2004 年 5 月 14 日，杨善深午睡后精神倍爽。他走到画室前，思考片刻后，铺纸挥笔，一气呵成写下了挺拔、潇洒的"子牛堂"三个大字。很多时候，他写字，要分几次写，才完成一幅。这次一气呵成，他很满意。

写好字后，杨善深在三个大字前反复审视，高兴地对他太太连说："好！好！好！""好，我很满意！这么长，我一口气就写成了。"

最是人间留不住，朱颜辞镜花辞树！到 15 日凌晨 1 时 35 分，杨善深松了一大口气，心脏病发，于香港寓所中与世长辞。

第二天杨善深的妻子给唐丽媚打电话，伤心地说道："杨老师昨晚走了。你的《子牛堂》已经写好了，你快点过来拿，遗失就麻烦了。这幅是杨老师最后一幅字，你要好好保管。稿子在他学生容绳祖那儿，你赶快和他联系。"

听到这个消息，唐丽媚夫妇恸惜万分，马上打电话给杨善深的学生容绳祖。

容绳祖说："我马上给你寄过去。"

字稿寄过来以后，唐丽媚看着，很伤心，抱头痛哭。以至于杨善深的二儿子杨天健叫他们夫妇去香港参加杨善深追悼会的时候，他俩都没有去。他们很怕控制不了情绪，在场上大哭。

杨善深 90 岁大寿

后来唐丽媚与杨天健说起这幅字，杨天健说："媚姐，你好好保管啦。之前我不知道这幅字是爸爸的绝笔，在追悼会资料上，我已经写了另外一幅画《沉默是金》是绝笔。这幅你就好好保管，作为纪念啦。"

……

每次看到这幅字，唐丽媚、李秀彬夫妇都很激动，心中对杨善深充满了怀念与敬仰。他们会永远怀念杨善深！祝愿杨善深在天上安好！

九 杨善深谈艺术

1. 艺术要有自己的风格。

2. 注重写生，用色复杂，取撷西洋画风，讲究线条，正是岭南画派的风格。

3. 写动物贵在传神。

4. 今人摹古，古人摹谁？

5. 岭南三大家在写生上下了许多功夫，他们虽都是由写生而至创作，但他们的作品都各有不同风格。剑父先生用笔苍莽古劲，奇峰先生的作品沉着古朴，树人先生的作品秀气朗逸，似是不食人间烟火，他们的作品，对画坛后辈都有重大影响。

6. 关山月、赵少昂及我的作品在风格上都各有不同。少昂多写花卉，我的作品在题材上是人物、山水、花鸟、走兽都有，关山月则专长山水。我们各走各的道路，希望能将岭南画派发扬光大。

7. 岭南画派是通过构图、笔法及水墨的不同方法去将对象气氛表现出来。

8. 如何去创新水墨画，每个人会有不同看法。在岭南三大家的作品中，他们的确在写生上下了很多功夫。

9. 悲鸿先生在西洋绘画的素描功夫方面非常到家；在水墨画上他的最大不同

点是在用笔与用色上，一眼望去，我们便可觉出他的作品与他人不同，这便是一种创新。

10. 绘画创作必须经过对传统的摸索；个人风格，是在自然间逐渐形成。

11. 绘画是思想精神的表现，不同的思想，便会选择不同的题材，要做到这点，绘画的基础当然要稳。

12. 我认为中国画与西洋画的绘画有很大的不同。中国画在笔墨上的特点是西洋画所没有的。同样的，许多西洋画所具有的特点也是中国画所没有的。

13. 初写动物画，为了表现形似，用笔上必然比较拘谨约束，当经过了以各种表现形式尝试运用，对物体的形有了较熟稔掌握，这种约束将会逐渐消失。

14. 写画讲究的是美感，古人的衣服适合于用笔。

15. 长期写生使画家的生活面宽广了，对生活的了解逐步深入了，对生活的感受自然就丰富了。都是其他方式替代不了的。

16. 我的画没有什么特别，但是我每一幅画，都经过细心思考才下笔。每一幅画，我都希望写出一点独特的地方，和以前写过的不同。

17. 现在有些画家喜欢以拍照片代替写生，其实细分之下，两者的个中感受是不同的。

（以上俱摘自《杨善深传》，作者张素娥，岭南美术出版社，2007 年）

18.学习书法有两点：第一，你不要马上去临帖。因为很多人临帖以后，就很难跳出来了。第二，写字就是写画，写画就是写字。也就是说，你不要这么拘谨。有句话，无法之法，视为至法。这个才是真正最好的方法。就像学太极，无招胜有招，无招才是最高境界。

（笔者根据对高励节的采访整理）

十 / 杨善深画迹纵横论

岭南画派在海外获得不俗的反响，无论技法还是风格都能得到更原汁原味的传承。这与杨善深、赵少昂、司徒奇等人的努力是密不可分的。对岭南画派的发展传承，杨善深曾强调"艺术要有自己的风格"，而他也将个性化的主张作为授徒的原则。[1]

——广州艺术博物院院长陈伟安

关山月、黎雄才是高剑父的弟子，赵少昂是高奇峰的弟子，而杨善深尽管曾随高剑父学画，并受到高剑父的鼓励到日本京都堂本美术专科学校学习，但是，杨善深并没有向高剑父施拜师礼，他们之间也是亦师亦友的关系，他并非高剑父严格意义上的学生。从这一点来看，杨善深与"二高"没有形式上的师承。不过，杨善深注重写生，游历世界，勤于写生，他还在动物画中，将撞水、撞粉这一岭南画派主要艺术表现方法发挥到了极致。当然，杨善深也打破了折中派的局限，不断地吸收好的艺术养分。我曾听他描述，有一次展览，主办方介绍他曾留学日本时，他纠正说，自己去过日本，并没有留学，而是自学。在杨善深的一生中，他一直强调在学习中摸索道路，摆脱束缚，不断成长。[2]

——杨善深晚年弟子，广州画院理论研究部主任梁照堂

在岭南画派第二代画家中，杨善深在绘画的题材上涉猎极广，擅花鸟，又兼家禽、鱼类及昆虫等动物画，并且都取得了公认的艺术成就。他出自岭南，但敢于大胆突破前辈的束缚，取材全面，用笔沉着深厚，尤其是山水画和走兽画的突破，给岭南画派开辟了更广阔的道路，他走的不是一般的"由巧至俗"或"神乎其技"

---

[1] 摘自《南方日报》，2012 年 11 月 6 日。
[2] 摘自《南方都市报》，2009 年 2 月 23 日第 47 期。

的路线，除有文人写意技法外，兼融入东洋画特有的古拙与幽玄韵味，无论杨善深的花鸟、人物、走兽、山水等，均不落前人窠臼。[1]

——广州艺术博物院保管部主任，《杨善深传》著者张素娥

国画家在笔墨、用笔多寡方面有两大极端追求：一是笔墨繁复，一心追求达到"加无可加"的境界；一是笔墨尚简，以少胜繁，以追求"减无可减"为其画画目标，杨善深老师就是这类画家的代表之一。善深师这种"以形写神"，笔墨简练，用笔减无可减的表达方式，在他的动物画中特别明显，例如他写的松鹤、小鸟、昆虫、人物等都无不简练。善深师写画总是在画面上某一地方留一点空间来"表演"他那独特、干涩却强而有力的线条。可以说他保留了中国画传统优点，不像有些时下岭南画派画家，只重渲染，线条用笔都较为忽略。[2]

——香港苍城画院院长司徒乃钟

杨善深则像老农般木讷……

他不善言语，所有的言语都放于画上，题于纸上，我十多次与先生同一饭局，他都没有炫耀伟大，闪烁成就，指点江山，从不背议他人，激扬清俗，顾左右而言他。在我所见的文化人中，最不善言辞、拙于表达的，要算杨善深了。[3]

——广州市美协前主席，广州艺博院前院长卢延光

跟随杨善深习画画的几年间，从无昕过其半句责骂的话。杨老师只会赞赏学生的优点，鼓励他们发挥长处，从不会泼冷水。他亦不会贬低其他画家，以抬高

---

[1][2][3] 摘自《南方都市报》，2009年2月23日第47期。

自己的地位，只会教导学生怎样欣赏他人的作品。[1]

——香港康文署总馆长曾柱昭

"没架子，有教无类，教学生'大自然才是老师'，并鼓励学生多写生而非临摹。"对于老师的逝世，张玛莉认为是"艺术圈很大的损失"！经常有人向杨善深请教绘画成功的秘诀，杨善深往往很简单地回答说："随便写、写趣味。"听来似是不费吹灰之力，但许多人一试之后，便领悟到实是"知易行难"。[2]

——醉心于艺术和摄影的港姐张玛莉

杨善深的国画造诣和他弘扬中国艺术文化的精神同样令人感到佩服。[3]

——台湾前教育部部长钟皎光

岭南画派先天性含有浓重的日本画风味，而且除高剑父之外，大都以"巧"取胜，"巧"在美学上属于"优美"的范畴。生动，纤巧，妍丽，柔美，是"巧妙"之诸特性。善深在"巧"中求"拙"，遂振刷岭南画艺甜媚之病，这也是他对岭南画派最有贡献的地方。[4]

—— 台湾著名艺评家何怀硕

岭南四杰的绘画各有所长，然而杨善深的书法最为出彩。其书法喜用枯笔渴墨，似草亦隶，似行亦篆，起伏跌宕，既古意盎然又有现代感。在用笔、结字和章法上，创造出别具一格的杨善深书法，称"杨体"。黄苗子评杨善深的书法称："如云鹄游天，氤氲绵渺，以气韵生动胜；如老将布阵，寓整于谲，以奇正相生胜；

---

[1] 张素娥著：《杨善深传》，岭南美术出版社，2007 年。

[2][3][4]　摘自《新快报》，2012 年 12 月 16 日 A23 版《收藏周刊·专栏》。

浑厚华滋，外师造化以融画入书胜；下笔则吊诡驰骤，虎掷龙腾，以气态雄杰胜；纵横挥洒，如万岁枯藤，以劲健郁苍胜。"[1]

——前广州艺术博物院杨善深艺术馆馆长张小虎

我父亲与赵少昂、黎雄才、关山月等人的作品比较，不同之处在于他有一股很强烈的个人面貌，在作品题材方面更多元化。无论山水、人物，还是花鸟、走兽，都能表现出自己在继承岭南画派传统的基础上摒弃甜媚、独辟蹊径的一面。在书法方面，他用毕生精力钻研临摹汉、魏碑，后成自我一套行书体。[2]

——杨善深的儿子杨天颐

"善深先生肯定是当代的绘画大师，而他所写的走兽禽鸟，不单在今日可称独步，即使在古人之中，亦难数出几个有这样的造诣。"由此可见杨善深先生在中国当代画坛中的崇高地位。[3]

—— 一代国学大师饶宗颐

闻此噩耗，我简直不敢相信自己的耳朵。此前的 3 月底，我刚刚陪同先生到肇庆游七星岩、登鼎湖山，先生健步拾级而上，步履轻捷，沿途即景写生，谈笑风生，毫无倦意。我心里暗想，九十多岁的老人，耳聪目明，腿灵腰直，思维敏捷，活到一百岁绝对没问题，想不到一个月后先生却突然驾鹤西去了，令人难以承受！[4]

——骆　驰

[1] 李怀宇著：《杨善深走了：岭南画派终结？》，人民网，2004 年 6 月 9 日。

[2][3][4]　摘自《光明日报》，2007 年 6 月 29 日第 011 版《文荟副刊》。

附一 / 艺术年表

1913 年

出生于广东省赤溪县（今台山市赤溪镇）象岭村，乳名淼青，字柳斋，学名子江。父亲早年远赴秘鲁谋生，一直经营钱庄，稍有积蓄。童年酷爱绘画。

1925 年

入私塾，开始临摹古画。后在赤溪县立小学毕业。

1930 年

移居香港。

1933 年

开始从事绘画。结识高剑父并结下稳固的师友关系。画室取名"瀛曦楼"。

1934 年

作品首次在广州青年会展出。

1936 年

留学日本，入京都堂本美术专科学校，随堂本印象学画。

1938 年

回港，在石塘咀金陵酒家举行个展。高剑父和许地山前往参观，并加以鼓励。

1940 年

赴新加坡、南洋各地举行画展。与徐悲鸿邂逅于新加坡，并合作写画多帧。在香港举行赈灾义展，参加苏联举办的中国美术展览会并加入由简又文发起的中国文化协进会。

1941 年

　　香港沦陷，避居澳门。与高剑父、冯康侯等成立协社画会。同年协社在澳门市政厅举行书画义展，为苦难儿童筹款。周日常与高剑父、关山月、司徒奇等出外写生。

1945 年

　　回港定居。与高剑父、陈树人、赵少昂、关山月及黎葛民在广州成立今社画会。于中山县石岐举行个展，又在新昌、台山等地举行赵少昂、杨善深联合画展。

1947 年

　　在香港中区新英明影楼与赵少昂举行玫瑰画展，继而与邓芬和赵少昂举办扇面作品展。

1948 年

　　应广东省立民众教育馆邀请，与陈树人、高剑父、赵少昂、关山月、黎葛民在广州中山图书馆举行联展，后再转至香港圣约翰教堂展出。

1950 年

　　与高剑父、赵少昂在纽约中华会馆举行联展。

1955 年

　　在新加坡举行个展，《杨善深画集》于新加坡出版。

1959 年

　　在纽约华埠中华总商会举行个展，在旧金山中华总商会举行个展，在檀香山中华总商会举行个展，在加拿大温哥华举行个展。

1970 年

与冯康侯、陈荆鸿、赵少昂在香港大会堂举行联展，成立春风画会，获台湾中华学术研究会颁赠哲士衔。

1971 年

在台湾历史博物馆举行个展。

1972 年

到内地旅游，曾至山东、北京、苏州、杭州、延安及甘肃等地写生。

1973 年

在新加坡中华会馆举行个展。

1978 年

在香港艺术中心举行个展。

1979 年

到内地旅游，至黄山、泰山、曲阜、扬州、济南、青岛、沈阳及长春等地写生。

1980 年

再到内地旅游，至成都、白帝城、青城山、灌县、兰州、炳灵寺、酒泉、敦煌、玉门关、阳关、三峡、昆明、云冈及雁门关等地写生。

1981 年

再到内地旅游，至雁门关、五台山、恒山、敦煌、玉门关及炳灵寺等地写生。于香港艺术馆举办其个展，并出版《杨善深的艺术》。

参加"第一届全国书法篆刻展览"。

1982 年

再赴内地旅游，至湘西青岩山等地写生。

于台北市立美术馆举行个展。

1983 年

香港大学冯平山博物馆主办岭南画派四大家（关山月、黎雄才、赵少昂、杨善深）画展，并出版目录。

被香港市政局委任为"当代香港艺术双年展"评审委员。

在日本大阪西武百货公司举行个展，并出版《杨善深展目录》。

1984 年

香港大业公司出版《杨善深画集》。

在新加坡国家博物馆展出"岭南画派画家赵少昂、黎雄才、关山月、杨善深四人合作画展"。

1985 年

日本西武百货公司出版《杨善深写生展》。

1986 年

参加于香港大会堂举行，由香港中文大学主办的"当代中国画展"。

台湾艺术图书公司出版《杨善深画集》。

1987 年

参加"东方水墨画大展"巡回展。

香港大业公司出版《杨善深作品集》。

与赵少昂、黎雄才、关山月在北京举行联展，展出作品集为《岭南世家》画册收录。

1989 年

在新加坡国家博物馆画廊举行个展，并出版《杨善深画集》，后移至台北翰雅轩展出。

1990 年

《荣宝斋画谱——杨善深绘花鸟动物山水部分》于北京出版。

1991 年

台北甄雅堂、东联艺术工社及高雄春秋艺术中心联合主办其作品展。

台北甄雅堂出版《杨善深作品精选集》。

到台湾写生。

书法《杜工部诗》被收刻于湖北荆州碑林中。

1993 年

应台北市立美术馆之邀请，举行书画个展，并出版《杨善深书画展目录》。

《幽居集——杨善深作品展》于台湾出版。

创作《十二生肖组画》，在金箔屏风上创作成《松鹤延年》《荷塘图》《鸡鸣报晓》《水仙》及《葫芦》。这批作品先在香港西武百货公司画廊展出，后转日本东京展出。

1994 年

作品为台北"故宫博物院"收藏，80 余帧。

12 月赴湖北写生。

1995 年

3 月，香港艺术馆主办"杨善深艺术回顾展"，出版画册《岭南风范》。

10 月，赴北京旅游写生。

11 月，赴福建写生。

1996 年

4 月,赴广东罗浮山写生,并返家乡赤溪探亲。

5 月,赴湖北武当山、神农架写生。

8 月,赴南美、古巴旅游写生。

10 月,赴南美及津巴布韦旅游写生,至好望角、维多利亚大瀑布。

12 月,赴台湾环岛旅游写生。

1997 年

为《香港回归纪念册》绘制香港市花——紫荆花。

赴粤北韶关、南华寺、珠玑巷写生。

1998 年

2 月,香港陈蔼华出版《杨善深画集》。

3 月,澳门市政厅主办"杨善深画展",并出版画集。

1999 年

获香港艺术发展局颁发视觉艺术终身成就奖,赴广东花都区旅游写生。

赴马来西亚旅游写生。

2000 年

7 月,获香港特别行政区颁授银紫荆星章。

9 月,游广西,广州艺术博物院杨善深艺术馆落成。

10 月,获广州市政府颁授"广州市荣誉市民"证书,赴杭州、莫干山写生。

赴广东三水写生,于三水过 87 岁生日。

2001 年

3 月，赴广东阳江、阳春、新会、江门、顺德、中山、珠海旅游写生。

5 月，赴柬埔寨吴哥窟写生。

创作百花卷，二十尺巨幅松树及一丈巨联多副。

2002 年

1 月，广东中山举行"笔底春风"杨善深九十近作大展，并出版《笔底春风——杨善深艺术天地》。

香港大会堂举行"岭南新风"展览。

出版《笔歌墨舞——杨善深书法集》。

向北京中南海捐赠巨幅国画《竹报平安》。

2003 年

广东番禺宝墨园杨善深艺术馆开幕。出版《书联璧合——杨善深楹联精选》。

"笔透鸿蒙——杨善深书画精品展"在香港城市大学艺廊举行，并出版画集。

创作《万古常青》巨幅及巨联捐赠人民大会堂，挂于西门入口处。

2004 年

台湾苗栗县举办"岭南风范杨善深作品展"，并出版画集。

行书对联刻于泰山五大夫松侧。

应邀在澳门民政总署辖下澳门艺术博物馆举办"万象乾坤——杨善深近作书画展"，并出版书画集。

5 月 15 日凌晨 1 时 35 分因心脏病发，于其香港寓所中辞世。

附二 / **参考资料**

1. 欧阳兴义：《悲鸿在星洲》，艺术工作室出版，1999 年。

2. 王丹：《岭南画派大师高剑父》，广东人民出版社，2009 年。

3. 刘晓路：《20 世纪外国美术丛书·20 世纪日本美术》，文化艺术出版社，1997 年。

4. 张素娥：《杨善深传》，岭南美术出版社，2007 年。

5. 关振东：《情满关山·关山月传》，中国文联出版公司，1990 年。

6. 潘小娴：《建筑家陈伯齐》，华南理工大学出版社，2012 年。

7. 贾德江：《中国当代美术理论研究丛书：翰墨当歌》，北京工艺美术出版社，2011 年。

8.《新美域》，2007 年 03 期《杨善深艺术年表》。

9.《杨善深珍藏师友书信集》，岭南美术出版社，2009 年。

10.《春风妙笔——杨善深百年诞辰艺术集》，澳门艺术博物馆，2013 年。